군주론

Il principe

군주론

Il principe

니콜로 마키아벨리 저

이형석 옮김

신라출판사

목차

머리말

5백년 전에 쓰여진 책 중에서 현재까지 독자에게 널리 읽히는 것은 별로 없다. 마키아벨리는 인간성에 대한 탁월한 통찰력을 가진 사람이지만, 5백년이라는 시간 동안 국가와 사회의 모습도 크게 달라졌기 때문에 그 점을 고려해서 책을 읽는 것도 필요하다.

마키아벨리라는 이름은 정치와는 뗄래야 뗄 수 없는 관계를 갖고 있다. 영어사전을 보면 누구나 아는 단어로 Machiavellism(마키아벨리주의), Machiavellist(마키아벨리주의자, 책모가) 외에도 Machiavellian(권모술수를 쓰는, 교활한; 권모술수가), machinate(음모를 꾸미다)라는 단어까지 있을 정도다.

뛰어난 정치 사상가 마키아벨리는 피렌체 공화국의 외교관이라는 신분 덕분에 당시 유럽을 주름잡는 군주나 정치인들을 직접 마주할 수 있었다. 약소국인 조국이 외부 강대국의 먹잇감이 되는 걸 보고, 그의 애국심은 불타올랐다. 그의 소망은 사랑하는 조국을 다시 부흥시킬 메시아 같은 강력한 군주가 나타나길 고대하며 이 책을 쓰기에 이르렀다. 강대국들에게 수많은 희생을 치러야 했던 우리나라를 생각해보면 피렌체의 애국지사 마키아벨리의 심정이 십분 이해가 갈 것이다.

《군주론》은 지금도 널리 읽히는 책이지만 상당히 성악설적인 관점 때문에 오랫동안 금서 취급을 받았다. 16, 17세기 유럽 종교계에서는 마키아벨리의 이름을 언급하기만 해도 큰 화를 당할 수 있는 기피 인물이었고, 19세기에 들어와서야 재평가를 받았다.

이 책은 제왕학을 가르치고 있지만 정치 지도자가 아니더라도 야망을 품은 청년 또는 일반인이 처세서로 읽어도 충분하다. 예를 들면 '사람들을 관리하려면 사랑을 받아야 할까 아니면 두려움의 대상이 되어야 하는가' 또는 '지도자는 어떻게 보여지는 것이 중요한가' 하는 질문에 대한 명쾌한 해답을 얻을 수 있다. 〈군주론〉이란 제목을 보면 꽤 까다로운 책처럼 느껴지지만 사실은 알기 쉬운 문장으로 구성되어 있고 이 책에서는 핵심정리를 첨부하여 일반적인 독자도 쉽게 이해할 수 있다. 그러므로 역자는 처세술로도 의미가 있는 이 책을 한 번 읽어볼 것을 권하는 바이다.

역자

동방박사들의 행렬, 베노초 고촐리, 프레스코, 1495년경

니콜로 마키아벨리

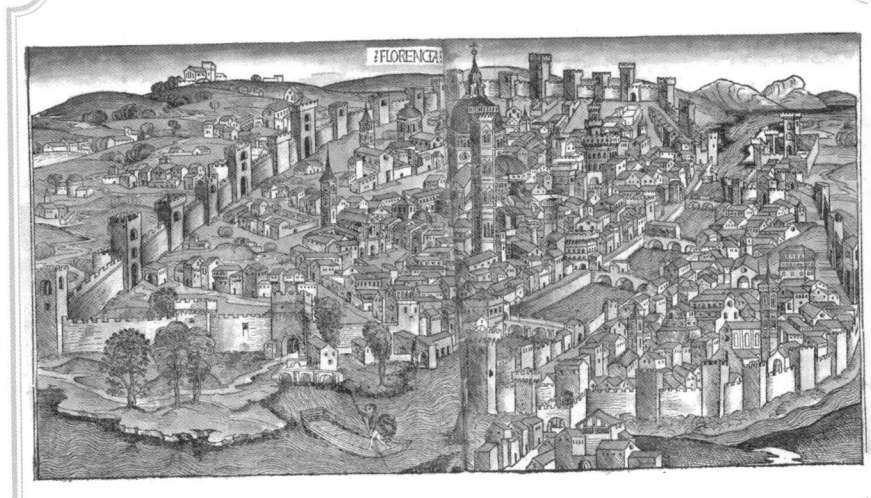

「뉘른베르크 연대기」에 수록된 풍경화.

헌사

니콜로 마키아벨리가 로렌초 데 메디치 전하께 바칩니다.

군주의 총애를 얻으려 하는 자들은 그들이 가진 것들 중 특히나 귀중한 물건 또는 군주가 기뻐할만한 것을 가지고 군주를 알현하는 법입니다. 그래서 준마, 갑옷, 금박의 비단 그리고 군주의 권위에 어울리는 장신구를 선물로 내미는 것을 흔히 보게 됩니다. 저 역시 위대하신 전하께 뭔가 저의 충성심의 표시가 될만한 것을 바치고 싶습니다만, 저희 가문에 귀중품이란 눈에 띄지 않습니다. 하지만 근래 일어난 사건들에 관한 오랜 경험 그리고 오래 전에 일어난 역사적 사건에 관한 지식과 많은 책을 통해 얻은 위인들에 관한 지식이 제가 가진 전부이옵니다. 그러한 고금의 사건들을 오랫동안 연구하고 성찰한 결과를 이제 제가 한 권의 책으로 정리하여 전하께 바치려는 것입니다.

저의 졸저가 전하께 바치는 선물로서는 미흡하기 짝이 없는 것이오나 오랜 세월 고난과 역경을 겪으며 제가 깨달은 전부를, 전하께서 짧은 시간에 이해하실 수 있도록 썼으니, 저로서는 이것 이상의 선물을 준비하는 것은 불가능함을 양해해 주시옵고 너그러운 마음으로 받아주시옵길 바랍니다.

사람들은 흔히 과도한 수식이나 미사여구나 가벼운 장식, 아첨을 자기 글에 채우는 경우가 많으나 저는 그러한 꾸밈을 배제했습니다. 왜냐하면 다양한 소재와 주제의 중요성을 가지고 영예를 얻기를 원했기 때문입니다. 그리고 혹시라도 낮은 신분의 미천한 자가 주제를 모르고 군주들의 통치를 논하는 것이 무례하다는 비난을 받지 않았으면 합니다. 그 이유는 산맥과 고지의 형태를 제대로 보기 위해서는 낮은 평야에서 관찰해야 하고, 저지대의 모습은 높은 산에 올라가서 내려다 봐야 하는 것입니다. 이와 같은 이치로 민심을 잘 파악하기 위해서는 군주의 입장에서 볼 필요가 있고 또 군주의 지도력을 잘 파악하기 위해서는 인민의 입장에서 볼 필요가 있는 것입니다.

전하께서는 이 변변치 않은 선물을 여기에 담긴 제 마음과 함께 받아주십시오. 전하께서 이 책을 찬찬히 음미해 주신다면 저의 간절한 소망을 통찰하시게 될 것입니다. 그것은 즉 운명과 전하의 자질이 약속하는 영광스런 대업으로 전하를 인도하는 것입니다. 그리고 전하께서 그 높은 자리에서 혹시나 이 낮은 곳으로 눈을 돌려 살펴보신다면, 제가 지속적인 운명의 장난으로 얼마나 고난을 겪어왔는지 아시게 될 것입니다.

제1장
통치권력의 종류와 그 획득방법

모든 정치체제 즉, 고금의 인민들 위에 군림해온 모든 정치권력은 공화정이거나 군주제이다. 군주제는 지배자의 혈통이 오랫동안 군주로 이어져 내려온 세습정권이거나 신흥정권이다.

　신흥 군주국은 프란체스코 스포르차(Francesco Sforza 1401~1466, 공화국 방위사령관이었으나 1450년에 공화정을 타도하고 군주로 즉위함)의 손에 들어간 밀라노처럼 전면적으로 새로운 국가거나, 아니면 스페인 왕의 통치를 받는 나폴리 왕국처럼 그곳을 정복한 군주의 세습체제에 새로이 편입된 국가를 말한다. 이렇게 새로 획득된 지역은, 그때까지만 해도 군주 통치하에서 사는데 익숙하거나 아니면 자유롭게(공화정에서) 사는데 익숙하거나 둘 중 하나이다. 또 정복 지역의 경우는 타국의 군사력을 빌리거나 자신의 군사력을 동원한 경우인데, 이것은 운명(fortuna)의 힘이거나 자기 역량에 의한 것이다.

산악지대를 잘 파악하기 위해서는 낮은 평야에서 관찰해야 하고, 평야를 파악하기 위해서는 높은 산줄기를 이용하여 관찰해야 한다. 이와 같은 이치로 민심을 잘 파악하기 위해서는 군주의 입장에서 볼 필요가 있고, 또 군주의 지도력을 파악하기 위해서는 인민의 입장에서 볼 필요가 있는 것입니다.

제2장
세습 군주국

공화정에 관한 설명은 다른 책에서 소상하게 다룬 바 있으므로 여기서는 생략한다. 여기서는 군주국만을 다루어 앞 장에서 말한 순서에 따라 어떻게 여러 군주국을 통치하고 유지하게 되는지 논하겠다.

　군주의 통치에 익숙한 세습 군주국은 신흥 군주국보다 국가를 유지하는데 어려움이 훨씬 적다. 왜냐하면 세습 군주는 선조 대대로 내려온 통치 형태를 바꾸지 않으면서 예측할 수 없는 사태에 적절히 대처하기만 하면 되기 때문이다. 그러니까 군주가 평범한 능력의 소유자라 해도, 의외의 강대한 세력이 그에게서 권력을 빼앗지 않는 한 정권을 유지할 수가 있다. 설사 권력을 빼앗겼다 하더라도 찬탈자에게 불운이 닥치면 권력을 다시 되찾을 수가 있다.

이탈리아에서 그 실례(實例)로서 페라라 공작(에스콜레 1세)을 들 수 있다. 그는 군주로서 그 지역을 오랫동안 통치해 왔다는 이유만으로, 1484년 베네치아의 공격을 막아내고, 1510년 교황 율리우스의 공격을 격퇴한 것이다. 왜냐하면 세습된 군주는 새로 군주로 등장한 자와 비교해서 남을 공격할 필요나 이유가 별로 없으니까 사람들의 호감을 얻기 쉽다. 그래서 엄청난 악행을 저지르고 원한을 사지 않는 한 신민(臣民)들이 그를 따르는 것은 자연스럽다. 그리고 통치가 오랫동안 지속된 상황이라면 개혁의 기억이나 이유도 사라져 버린다. 왜냐하면 한 번의 개혁은 다음 개혁을 야기하는 토대를 남김으로서 새로운 변화의 화근을 남기기 때문이다.

　　세습군주는 강력한 세력에 의해 권력을 빼앗기지 않는 한, 평범한 능력의 군주라 해도 정권을 유지할 수가 있다. 설사 권력을 빼앗긴다 해도 자리를 차지한 세력이 작은 실수만 저질러도 통치권을 다시 되찾을 수가 있다.

제3장

복합적 군주국

그러나 신흥 군주국의 경우는 갖가지 난관에 부딪치게 된
다. 우선 군주국이 전적으로 새로 생긴 것은 아니고, 새로 병
합된 국가의 경우 이것을 '복합 군주국'이라고 칭하겠다. 이
경우 정변(政變)은, 모든 신흥 군주국이 피할 수 없는 근본적
인 난관에서 발생한다. 그런 정변의 근본을 이루는 사태는,
상황을 개선할 수 있다는 믿음이 민중으로 하여금 통치자를
갈아치우고 싶어 무기를 들고 봉기하게 만든다. 하지만 그것
은 오판이다. 사태가 더욱 악화된 후에야 그들은 새로운 통치
자를 내세워도 전 통치자보다 못하는 경우가 있다는 것을 알
게 된다. 사태가 악화된다는 것은 새로 군주가 된 자가 무력

을 동원하여 무수히 많은 잔혹행위로써 민중에게 피해를 가져오는 당연하고 필연적인 결과를 낳는다. 그리하여 당신은 그 군주국을 병합하면서 피해를 준 모든 사람들을 적으로 돌리게 되고 또한 그러한 방향으로 도움을 준 사람들에게 그들의 기대만큼 만족시켜줄 수는 없다. 그렇다고 해서 자신에게 은혜를 베푼 그들에게 강경한 수단을 동원할 수도 없고, 우호관계를 유지하기도 어렵다. 왜냐하면 아무리 막강한 군사력을 보유한 군주라도 어떤 지역을 점령해 들어갈 때는 그곳 주민들의 호감을 얻어야 하기 때문이다.

그런 이유 때문에 프랑스 왕 루이 12세는 밀라노를 점령했으나(1499년 9월) 얼마 후 이를 잃고 말았다. 그곳을 탈환(1500년 2월)하는 데는 루도비코(Ludovico, 1508년 프랑스에서 옥사함)의 군대만으로도 충분했다. 왜냐하면 새로운 군주(루이 12세)에게 성문을 열어주었던 인민들은 기대했던 것들을 얻을 수 없음을 깨닫게 되자 새로운 군주에 대한 반감을 참지 못하게 된 것이다.

반란이 일어난 지역을 다시 점령하는 경우엔, 좀처럼 그곳을 다시 상실하는 일이 없다는 것은 사실이다. 그 이유는 통치자가 반란의 계기가 된 요인을 포착하고, 불순한 자들을 처벌하고, 혐의 있는 자들을 조사하고, 취약한 요인을 보강하며 가차없이 강경한 수단을 휘두르기 때문이다. 그래서 프랑스 왕으로부터 밀라노를 탈환하기 위해서 처음에는 루도비코 공작이 국경 근처에서 소란을 일으키는 것으로 충분했으나 재탈환하기 위해서는 모든 국가들이 들고일어나 프랑스군대를 무찔러 이탈리아에서 몰아내야 했다. 앞에서 말한 이유 때문에 이런 사태가 벌어진 것이다. 그리하여 프랑스군은 두 번이나 밀라노에서 쫓겨나야 했다. 첫 번째의 보편적인 이유는 앞에서 얘기했다. 이제는 두 번째의 경우에 관하여 논하고자 하며, 그러니까 프랑스 왕이 그곳에서 어떤 정책을 사용했을까? 또 다른 사람이 그와 같은 경우에 있다면, 어떤 수단을 사용하면 루이 12세가 이루지 못한 것을 효과적으로, 새로 점령한 지역을 유지할 수 있을까 고려해 보겠다.

이런 경우 새로 병합된 지역이 본토와 같은 언어를 사용하는가 아닌가 하는 두 가지 경우가 있겠다. 동일한 언어를 사용하는 지역이라면 이를 통치하는 것은 지극히 손쉬운 일이다. 특히 주민들이 자유로운 통치에 익숙하지 않은 경우라면 더욱 그러하다. 그리고 그곳의 영유권을 확실히 하려면 그때까지 그곳을 통치하던 왕조의 혈통을 말살시켜버리면 된다.

왜냐하면 그 밖의 다른 면에서 그들 종래의 생활을 유지하고 풍습에 차이가 없다면 사람들은 평화롭게 살아갈 수 있기 때문이다. 아시다시피 오랫동안 프랑스에 병합된 부르고뉴, 부르타뉴, 가스코뉴와 노르망디의 예를 보면 분명하다. 설사 언어에 다소 차이가 있더라도 풍습이 유사하면 서로 쉽게 인정할 수가 있다. 그러니까 새로 병합한 지역을 잘 유지하고 싶다면 다음 두 가지 사항을 지켜야 한다. 첫째 예전 왕조의 혈통을 없애버릴 것. 둘째 주민들의 법률과 조세를 변경하지 않을 것. 그렇게 하면 새로운 병합지역은 본토와 일체화를 이룰 수 있다.

하지만 언어와 풍습, 제도가 다른 지역을 병합하게 되면 여러 가지 난제가 발생하게 된다. 이런 경우엔 그곳을 유지하기 위해 큰 행운과 굉장한 노력이 필요하다. 그리고 최선이자 최강의 수단은 정복자가 현지에서 직접 통치하는 것이다. 그러면 영유권은 더욱 확실하고 영속적인 것이 된다. 투르크가 그리스에 적용한 정책이 바로 그런 예이다. 그러니 새로운 병합지를 유지하기 위해 다른 모든 질서가 잘 유지되었다 해도 현지에 가서 살지 않으면 그곳을 유지할 수가 없게 될 것이다. 그 이유는 현지에서 살고 있어야만 소요 사태가 발생했을 때 직접 목격하고 곧바로 대처할 수 있기 때문이다. 현지에 살지 않으면 사태가 커지고 나서야 전해 듣게 되고 그때는 이미 손을 쓸 수가 없다. 게다가 그 지역을 당신의 신하들에게 빼앗길 우려도 없다. 또한 신민들은 군주에게 직접 호소할 수도 있으므로 만족하게 된다. 그래서 순종적인 자들은 더욱 그에게 복종하게 되고 반역심을 품은 자들은 그를 두려워하게 된다. 병합지를 노리는 외부 세력도 일을 일으키는데 더욱 신중해진다. 그래서 현지에 살게 되면 쉽게 영토를 빼앗기지 않는다. 또 한 가지 최상의 수단은 새로운 병합지에서 적은 비용을 들이거나 전혀 자기 비용이 들지 않는 식민지를 조성하는 것이다. 그렇지 않으면 대규모 기병이나 보병을 주둔시켜야만 하는데, 이는 많은 비용은 물론이고 주민과의 적대감을 불러 일으키기 때문에 식민지를 건설하고 유지해야 한다. 이때 피해를 입게 되는 쪽은 다소의 경작지와 가옥을 몰수당한 자들이며, 그것을 새로운 이주민들에게 나누어 주면 된다. 그렇게 몰수당한 자들은 새로운 병합지의 극히 일부 지역에 불과하다. 또한 피해 주민들은 각처로 흩어지게 되고 더 빈곤해지므로 군주에게 위해를 가할 우려는 전혀 없다. 그리고 다른 주민들은 손해를 입지 않았음에 안도하게 되고 또 재산을 빼앗긴 자들과 같은 피해를 당하지는 않을까 두려워 말썽을 일으킬 엄두를 내지 못하고 순종하게 된다. 결론적으로 이런 병력 주둔은 비용이 들지 않으며 그들은 더욱 충성스러워 진다. 피해를 당한 자들이 말썽을 일으킬 우려는 없다. 앞에서 말한 바와 같이 그들은 궁핍해지고 흩어져서 군주에게 피해를 주지 못할 것이다. 여기에서 주의할 점은, 인민은 부드럽게 회유하든가 아니면 잔혹하게 말살시켜 버려야 한다는 것이다. 그 이유는 가볍게 상처를 입히면 복수하려 들지만 무거운 상처를 입으면 복수가 불가능한 법이다. 따라서 누군가를 상처 줄 때는 가차없이 복수의 우려가 남지 않도록 감행해야 한다.

그런데 식민지를 조성하지 않고 병력을 주둔시킨다면 막대한 비용을 감당해야 한다. 그래서 그 지역에서 산출되는 모든 수익을 주둔군에 쏟아 붓게 되어 결국 그 지역 지배는 득실상 손실을 의미하게 된다. 게다가 더 많은 자들에게 피해를 입히게 된다. 왜냐하면 여기저기 장소를 바꾸어 병력을 야영시켜야 하기 때문에 그 지역 전체에 피해를 끼치게 된다. 그렇게 되면 모든 주민들이 불편과 피해를 입어 원성이 높아지고 결국 군주에게 적대감을 품게 된다. 그런 적대세력은 패배를 당했지만 자기 본거지에서 호시탐탐 군주를 타도하려고 엿보게 된다. 그러니까 어떤 각도에서 보더라도 식민지 조성은 유용한 반면 군대 주둔은 손해이다.

　이미 얘기했다시피 본국과 여러 가지 차이가 있는 지역을 정복한 군주는 주변 약소 세력들의 보호자로서 맹주가 되어 그 주변 지역의 강대한 국가의 힘을 약화시키도록 노력하여, 설사 예기치 못한 사태가 일어나도 자기와 비슷한 힘을 가진 나라가 개입하지 못하도록 경계해야 한다. 그리고 그 지역에서 자기 분수를 모르는 야심이나 공포심 때문에 불만을 가진 자들이 외부의 강대국을 끌어들이는 일은 항시 생길 수 있다. 예전 그리스에서 아이톨리아인이 로마인을 끌어들인 것이 좋은 예이다. 그리고 로마가 침략한 모든 나라에서 일부 현지인들이 로마인을 끌어들였다. 그리고 사태는 다음과 같이 진행된다. 어떤 강대한 외국 세력이 한 지역을 침입하게 되면 거기에 자리잡은 여러 약소 세력들은 침략자에게 순응하게 된다. 이유는 그동안 자기들을 지배하던 자에 대한 시기심과 증오심을 품고 있기 때문이다. 따라서 이런 약소 세력을 우군으로 만드는 것은 별로 어려운 일이 아니다. 그들은 그(침략자)와 운명을 함께 하고 싶어 하기 때문이다. 다만 그들의 세력이 커지지 않도록 항상 견제만 하면 된다. 그래서 그는 자신의 병력과 그들의 협조를 합하여 강대한 세력이라도 어렵지 않게 꺾을 수 있고 그 지역 전체를 장악할 수가 있게 된다. 그런데 이런 원칙을 알지 못하는 자는 자기가 정복한 공략지를 얼마 후 상실하고 말 것이다. 또 설사 유지할 수 있다 해도 그동안 수많은 분란과 말썽에 시달리게 될 것이다.

로마인은 정복한 지역에서 이런 원칙을 충실히 지켰다. 그들은 식민지를 조성하고 약소 세력들을 포섭하고 그들의 세력 확장을 억제시키고, 강한 힘을 가진 세력은 약화시키고 외부 강대국이 개입할 여지를 주지 않았다. 그런 예로서 그리스 지역을 들면 충분하다고 본다. 아카이아인과 아이톨리아인은 로마인에게 회유 당했고 마케도니아 왕국은 굴복 당했으며 안티오코스는 추방당했다. 또한 아카이아인과 아이톨리아인의 협력과 공헌이 있음에도 그들의 세력 확장은 허용되지 않았다. 게다가 필리포스 왕(마케도니아의 왕, 로마인과 손잡고 안티오코스 군과 싸웠으나 정복지에서 철수해야만 했다)이 동맹국으로 인정해 달라고 간곡히 청했으나 굴복하기 전에는 우군으로 받아들이지 않았고, 그 지역에서 안티오코스의 세력이 아무리 강대하다 해도 그에게 영토 보유를 허락하지 않았다.

이렇게 알 수 있듯이 이러한 상황에서 로마인은 현명한 군

제3장 복합적 군주국 *31*

주가 해야 할 일을 한 것이다. 그러니까 당면 사태만 생각한 것이 아니라 미래를 대비하고 전력을 다해 대책을 세워야 하는 것이다. 왜냐하면 문제를 일찍 알아차리면 해결책이 쉽기 때문이다. 반대로 문제가 당신 눈앞에 올 때까지 기다린다면 해결은 이미 너무 늦고, 병폐가 너무 커져서 치료할 수가 없다. 이것은 폐 질환에 관해 의사가 하는 말과 같다. 질병 초기엔 치료는 쉬우나 발견은 어렵다. 그런데 질병이 진행되면 증상의 발견은 쉬우나 치료는 어렵다. 그러니까 국가를 통치하는 일도 마찬가지이다. 즉, 정치적 질병은 일찍 발견하면, 이것은 물론 사려 깊은 인물에게만 가능하지만, 조속히 치료할 수가 있다. 반대로 누구라도 알아 볼 수 있을 만큼 문제가 악화되어 버리면 손을 쓸 수가 없게 된다.

로마인은 작은 문제점이라도 항상 미리미리 해결책을 준비했다. 그리고 전쟁을 회피하려고 문제를 그대로 방치하는 일은 없었다. 왜냐하면 전쟁은 피할 수 없는 것이라서 뒤로 미루면 적에게 유리해질 뿐이라는 것을 알고 있었던 것이다. 그 때문에 그들은 필리포스를 상대로 또 안티오코스를 상대로 그리스에서 전쟁을 일으켰다. 그것은 본국 이탈리아에서 적과 대결하는 사태를 피하기 위해서였다. 그때 두 번의 전쟁을 피하고 싶었다면 피할 수도 있었다. 하지만 그들은 그러고 싶지 않았다. 우리 시대의 현인들이 항상 얘기하는 '시간을 두고 이익을 얻으라'는 방식을 취하지 않았고 오히려 결연히 자신들의 역량과 지혜로 생각하고 이익을 취하는 것을 택했다. 왜냐하면 시간의 흐름은 모든 것을 몰고 오는데, 이익과 동시에 손실을, 악덕과 동시에 미덕을 몰고 오기 때문이다.

　여기서 얘기를 다시 프랑스로 돌려, 지금까지 얘기한 사항 중 어떤 것을 왕이 실행했는지 검토해 보겠다. 다시 말하면 지금부터 언급하는 얘기는 루이 왕의 경우이지 샤를 왕에 관해서가 아니다. 그 이유는 루이 왕이 이탈리아에서의 지배권을 훨씬 오랫동안 유지했기 때문에 그의 정책을 잘 검토할 수 있기 때문이다. 그가 본국과 여러 가지로 다른 지역에서 지배권을 유지하기 위하여 본래 해야만 하는 정책과는 반대 되는 정책을 얼마나 저질렀는지 살펴보겠다. 루이 왕의 이탈리아 침략은, 롬바르디아 지방의 절반을 차지하려던 베네치아인의 야망으로 부추김을 받았다. 나는 루이 왕의 결정을 비판할 생각은 없다. 왜냐하면 이탈리아에 진출하려고 해도 이 지역에 우군이 될 세력이 전혀 없었고, 오히려 선왕 샤를의 경거망동 때문에 모든 문이 닫혀있었기 때문에 상대가 누구든 우호관계를 맺지 않을 수가 없었으니까. 만일 그가 몇 가지 행동에서 잘못을 저지르지만 않았다면 그의 결단은 충분히 성공을 거두었을 것이다. 그래서 롬바르디아를 함락시켰을 때 루이는 샤를 왕의 실추된 명예를 회복할 수 있었다. 제노바는 항복했고 피렌체는 동맹군으로 돌아서고 만토바 후작, 페라라 공작, 벤티볼리오 가문, 푸를리 백작부인, 파엔차, 페사로, 리미니, 카메리노, 피옴비노의 영주들, 루카, 피사와 시에나의 시민들이 모두 우호관계를 바라고 왕을 만나러 찾아왔다. 그제서야 베네치아인들은 자신들의 행동이 경솔했음을 깨달았다. 그들은 롬바르디아 지방의 작은 영토를 욕심냈다가 프랑스 왕을 이탈리아 전체 중 3분의 2의 지배자로 만들어 주었으니까.

만일 왕이 앞서 논한 원칙을 지키고 여러 동맹국들에게 안전과 보호를 보장했다면 루이 왕은 이탈리아에서 명성을 지키는데 아무런 어려움도 없었을 것이다.

왕의 동맹국들은 수는 많지만 약체였고, 일부는 교회를, 일부는 베네치아를 두려워해서 루이의 우군 역할을 할 수밖에 없었다. 그러므로 그들의 협력을 가지고 강대한 적으로부터 자신을 지킬 수가 있었다. 그런데 그는 밀라노(롬바르디아의 중심 도시)에 들어가서 그와는 반대되는 정책을 범했다. 로마냐를 점령하는 알렉산데르에게 힘을 보태준 것이다. 이런 실책 때문에 우군과 자신에게 의지하던 세력을 잃고 스스로를 약하게 만들었고 교회에 종교적인 권위에 더하여 세속적 권위까지 더해주어 교회를 더욱 강대하게 만들어 주는 것을 깨닫지 못했다. 그리고 처음에 잘못을 범했기 때문에 이후로도 계속 실책을 범할 수밖에 없는 상황이었다. 알렉산데르의 야심에 제동을 걸고 그가 토스카나의 지배자가 되는 것을 막기 위해 이탈리아에 직접 출병하지 않을 수 없게 되었다. 게다가 왕은 교회를 강화시키고 우군을 잃은 것만으로도 충분하지 않았던지 스페인 왕과 함께 나폴리 왕국을 분할하여 차지했다. 이전에 그는 이탈리아를 단독으로 지배하고 있었으나 거기에 제3자를 끌어들이고, 이탈리아의 야심가들과 불평분자들에게 우군이 될 수 있는 자를 끌어들인 셈이다. 그리고 자신에게 충성을 바칠만한 왕을 그대로 유지시켜주면 좋았을 텐데 그를 제거하고 오히려 자기를 쫓아낼 수도 있는 강대한 인물을 앉힌 것이다. 본래 영토확장의 욕망은 극히 자연스럽고 당연한 일이어서 능력 있는 자가 이를 행하면 칭송을 받으면 받았지 비난을 받지는 않는다. 그러나 능력이 부족한 자가 무리하게 영토를 탐낼 경우는 잘못이며 비난을 받게 된다. 따라서 프랑스가 스스로의 병력으로 나폴리를 공략할 수 있었다면 그렇게 하는 게 마땅했다. 만일 그것이 불가능하다면 그곳을 분할하지 말았어야 했다. 그리고 베네치아인과 롬바르디아를 분할할 때는 이탈리아에 근거지를 마련한다는 명분이 성립하지만 이번엔 그런 핑계도 성립하지 않으니 비난받아 마땅하다.

루이 왕은 다음과 같은 다섯 가지 잘못을 범했다. 즉 약소 세력을 멸망시킨 것, 이탈리아에서 강대한 세력의 권위를 높여 준 것, 이 지역에 외부 강대국을 끌어들인 것, 스스로 거처를 옮겨 직접 통치하지 않은 것, 식민지를 조성하지 않은 것 등이다. 그런데 이런 실수가 있었다 하더라도 여섯 번째 잘못, 즉 베네치아인에게 영토를 빼앗는 잘못만 저지르지 않았다면 생전에 이러한 실책들로 인해서 피해를 당하지는 않았을 것이다. 왜냐하면 그가 교회 권력을 강화시켜주고 스페인 세력을 끌어들이는 일을 하지 않았다면 베네치아인을 약화시키는 것은 당연하고 필요했다. 하지만 이미 그런 실책을 저지른 상황에서는 베네치아인들의 멸망은 해선 안될 일이었다. 그 이유는 베네치아인이 상당한 세력이었으므로 다른 세력이 롬바르디아에 개입하는 것을 막아낼 수 있었을 테니까. 베네치아인은 스스로 그곳을 지배하는 것이 아니라면 결코 개입을 동의하지 않을 것이기 때문이다. 다른 세력도 그곳을 베네치아인에게 넘겨주기 위해 프랑스 왕으로부터 빼앗으려 들지는 않는다. 그리고 프랑스와 베네치아 양국을 적으로 삼아 전쟁을 벌일 수는 없었다. 만일 혹자가 루이 왕이 전쟁을 피하기 위해 알렉산데르에게 로마냐를, 스페인에게 나폴리를 양보했다고 한다면 나는 앞에서 말한 이유로 다음과 같이 응수하겠다. '전쟁을 피하기 위해 혼란을 방치해서는 안되며, 전쟁을 피하는 것은 그저 스스로에게 불리하게 지연될 뿐이다.' 또 혹자가 루이가 자신의 이혼 문제 해결과 루앙 대주교를 추기경으로 임명 받기 위해 교황에게 협조하기로 서약했다고 말한다면 나중에 군주의 약속과 이행 의무에 관해 논할 때(제18장 참조) 대답하겠다. 그래서 루이 왕이 롬바르디아의 지배권을 상실한 것은 새로운 정복 지역을 유지하기 위해 지켜야할 원칙을 아무것도 지키지 않았기 때문이다. 이것은 전혀 이상한 일이 아니고 당연한 순리이다.

발렌티노 공작(알렉산데르 교황의 아들인 체사레 보르자는 프랑스 왕 루이 12세에게 공작 작위를 받은 이후 이렇게 불림)이 로마냐 지방을 점령할 때 이런 문제에 관하여 나는 낭트에서 루앙 추기경과 대화를 나눈 적이 있다. 추기경은 '이탈리아인은 전쟁을 잘 이해하지 못한다'고 말했고 나는 '프랑스인은 통치술을 이해하지 못한다'라고 응수했다. 그것을 이해하고 있다면 그들이 그렇게 교회의 세력이 강해지는 것을 용납하지 않았을 것이다. 따라서 경험이 가르쳐주는 바에 따르면 이탈리아에서 교회와 스페인 세력의 강대한 힘은 프랑스가 자초한 것이고 프랑스의 몰락은 스스로 자초한 것이다.

여기에서 절대 오류가 없는 원칙을 도출해낼 수 있다. 타인이 강해지도록 원인을 제공한 자는 스스로 몰락한다. 왜냐하면 타인의 힘은 도움을 주는 자의 술책이나 역량에 의해 커지는데, 그렇게 강해진 자는 그 두 가지의 수단에 대해 의심의 눈초리로 보기 때문이다.

✤ 핵심 정리 ✤

사람들은 자신들의 삶을 더 좋은 쪽으로 개선하려는 욕망이 있기 때문에, 그들의 욕망을 채워주지 못하는 통치자를 갈아치우려 폭력을 동원하여 새로운 통치자를 내 세워도 전 통치자보다 못하는 경우가 있다.

막강한 군사력을 보유한 군주라도 어떤 지역을 점령해 들어갈 때는 그곳 주민들의 지지를 얻지 못하면 점령에 실패하게 된다. 설령 그 지역을 점령하여 통치를 한다 해도 그 곳의 민의를 수렴하지 못하는 통치자는 통치자로서의 대우를 받지 못한다.

반란이 일어난 지역을 평정한 군주는, 좀처럼 그곳을 다시 잃게 되는 경우는 거의 없다는 것은 사실이다. 그 이유는 반란의 계기가 된 원인을 파악하여 반역자들을 처벌하고, 취약한 요인을 보강하며 강경한 수단을 휘두르기 때문이다.

새로 점령한 지역이 본토와 같은 언어를 사용 하는지, 다른 언어를 사용하는지 두 가지 경우가 있겠으나, 동일한 언어를 사용하는 지역이라면 그곳을 통치하던 왕조의 혈통을 말살시켜버리면 손쉽게 통치할 수 있다. 언어와 풍습, 제도가 다른 지역을 병합하게 되면 여러 가지 난제가 발생하게 되므로 최선의 수단은 지도자가 현지에서 직접 통치하는 것이다. 또 한가지 최상의 수단은 비용이 들지 않거나 적은 비용으로 식민지를 조성하고 유지할 수 있다. 그렇지 않으면 대규모 무장병력을 주둔시켜야 하는데, 많은 비용은 물론이고 주민과의 적대감을 불러 일으키기 때문에 식민지를 조성하는 것이 최선의 방법이다.

본국과 여러 가지 차이가 있는 지역을 정복한 군주는 주변 약소 세력들의 맹주가 되어 보호자 역할을 담당하고, 그 주변 지역의 강한 세력은 힘을 약화시키도록 노력하여야 한다. 또한 예기치 못한 사태가 일어나도 자기와 비슷한 힘을 가진 나라가 공격해 오지 못하도록 경계해야 한다.

강력한 세력이 한 지역을 침입하게 되면 거기에 자리 잡은 여러 약소 세력들은 침략자에게 순응하게 된다. 이유는 그 동안 자기들을 지배하던 자에 대한 시기심과 증오심을 품고 있기 때문에 스스로 협조하는 것이다. 다만 그들의 세력이 커지지 않도록 항상 견제만 하면 된다.

현명한 군주가 해야 할 일은 당면 사태만 생각할 것이 아니라 미래를 준비하고 전력을 다해 대책을 세워야 한다. 왜냐하면 문제를 일찍 알아차리면 해결이 쉽지만 반대로 문제가 발생할 때까지 기다리게 되면 해결은 이미 늦은 것이다. 이것은 폐 질환에 관해 의사가 하는 말과 같다. 질병 초기엔 치료는 쉬우나 발견은 어렵다. 그런데 질병이 진행되면 증상의 발견은 쉬우나 치료는 어렵다는 것이다.

로마인은 작은 문제점이라도 항상 미리미리 해결책을 준비했다. 그리고 전쟁을 피하려고 문제를 그대로 방치하는 일은 없었다. 왜냐하면 전쟁은 피할 수 없는 것을 뒤로 미루면 적에게 유리해질 뿐이라는 것을 알고 있었던 것이다. 그래서 대결을 회피하기보다 오히려 결연히 자신들의 역량과 지혜에 의존했다. 왜냐하면 시간의 흐름은 모든 것을 몰고 오는데, 이익과 동시에 손실도 가져오기 때문이다.

영토 확장의 욕망은 매우 자연스럽고 당연한 일이어서 능력 있는 자가 이를 행하면 칭송을 받으면 받았지 비난을 받지는 않는다. 그러나 능력이 부족한 자가 무리하게 영토를 탐낼 경우는 잘못이며 비난을 받게 된다.

다른 사람을 강해지도록 원인을 제공한 자는 스스로 몰락한다. 다른 사람의 힘은 도움을 주는 자의 술책이나 역량에 의해 커지는데, 도움으로 강력해진 후에는 그의 음모와 세력을 경계하기 때문이다.

제4장

알렉산드로스 대왕이 정복했던
다리우스 왕국에서는
그의 사후에 왜 반란이
일어나지 않았는가

새로이 획득한 영토를 유지할 때 생기는 어려움을 고려할 때 다음과 같은 점을 이상하게 생각할 수도 있다. 알렉산드로스 대왕(BC 356~323)이 단기간에 아시아의 지배자가 되었는데 정복이 끝나고 얼마 후 사망했다. 그러면 정복지에서 반란이 일어날 법도 한데, 실제로는 그의 후계자들(7인이 BC 280년까지 다툼)이 야심 때문에 서로 갈등을 빚은 것 말고는 그곳을 유지하는데 아무런 걸림돌이 없었다. 어떻게 그럴 수가 있을까? 나의 대답은 다음과 같다.

　역사상 존재했던 군주국은 다음 두 가지 방식으로 통치되었다. 첫째는 한 명의 군주와 나머지는 가신들[그들은 군주의 은혜와 동의 하에 신하로서 왕국의 통치를 보좌함]에 의해 통치되는 것이고, 둘째는 군주가 제후와 함께 통치하는 것이다. 제후들은 자기 영토를 가지고 밑으로 신민을 거느린다. 제후는 오랜 혈통에 의해 지위를 유지하고 있다. 신민들은 제후를 주군으로 모시고 태어나면서부터 자연스럽게 충성심과 호의를 갖고 섬긴다.

군주와 가신들에 의해 통치되는 나라에서 군주의 권위는 더욱 무겁다. 그것도 그럴 것이 거기에서는 군주 이외에 월등히 높은 지위를 차지한 사람이 존재하지 않기 때문이고, 사람들이 누군가 다른 인물에게 복종한다 해도 그것은 대신(大臣)이나 관리(官吏)라는 직위를 가졌기 때문이지 그 사람에 대하여 특별한 애정을 품고 있기 때문이 아니다.

이 두 가지 다른 통치방식의 사례로는 투르크의 술탄과 프랑스의 왕을 들 수 있다. 투르크 왕국은 한 명의 군주에 의해 통치되며 나머지 사람들은 그의 부하에 불과하다. 왕국은 산자키에(sangiachie)라는 행정지역으로 나뉘어져 각각 행정관이 파견되지만 그들은 군주의 뜻에 따라 교체되거나 임명된다. 이에 반해 프랑스 왕은 수많은 유서 깊은 가문의 제후들 가운데 놓여 있는데, 제후들은 각각의 신민들에게 주군으로 모셔지고 그들에게 충성을 받고 있다. 게다가 그들이 가진 세습적인 특권은 군주조차도 위험을 감수하지 않는 한 **빼앗을 수가 없다.** 그래서 이 두 가지 통치 방식을 고찰해 보면 투르크를 정복하기는 어렵지만 일단 정복하기만 하면 그것을 유지하기는 아주 쉽다는 것을 알 수 있다. 반대로 프랑스 같은 국가는 정복하기가 더 쉽지만 유지하기는 어렵다는 걸 알 수 있을 것이다.

투르크 왕국을 정복하기가 어려운 이유는 왕국 내부의 고관들을 포섭할 수가 없다는 점이다. 또 왕의 측근의 반란에 편승하여 공략하는 일도 기대하기 어렵다. 그들은 모두 왕에게 예속되어 왕의 은혜에 감사하고 있기 때문에 그들을 부패시키는 일은 지극히 어렵고 또 설사 부패시킬 수 있다고 해도 그 뒤에 있는 인민들은 따라오지 않기 때문에 그다지 도움이 되지 않는다. 따라서 투르크를 공격하려는 자는 적이 일치단결해 있다는 점을 염두에 두어야 하고, 상대의 혼란과 내분보다는 자신의 병력에 의지해야 한다. 하지만 일단 적에게 결정적인 타격을 가했다면 군주의 혈족 외에 걱정거리는 없는 셈이다. 그리고 그 혈족을 제거해 버리면 인민의 신망을 받을 수 있는 자가 사라지기 때문에 그들을 두려워할 이유는 없어진다.

프랑스 왕국과 같은 통치 방식을 가진 나라에서는 그 반대 양상이 나타난다. 거기엔 불평분자나 변혁을 바라는 자들을 항상 찾아낼 수 있으므로 그런 제후를 우군으로 포섭하면 쉽게 침입 경로를 확보할 수 있고 그들의 협조를 얻어 승리를 차지할 수 있다. 하지만 그 영토를 지키려고 할 때가 되면, 침략에 협조한 세력이나 저항했던 세력 양쪽 때문에 많은 시련이 계속 발생할 것이다. 그런 경우 왕의 혈통을 제거해버리는 것만으로는 충분하지 않다. 왜냐하면 새로운 변혁[반란]의 지도자로 등장할 제후들이 존재하고 있기 때문이다. 그래서 그들을 만족시킬 수도 전멸시킬 수도 없으므로 상황이 달라지면 정복지에 대한 소유권은 상실하게 된다.

이제 다리우스 왕국이 어떤 형태의 통치체제였는지 생각해 보면 투르크 왕국의 경우와 유사하다는 걸 알게 될 것이다. 그래서 알렉산드로스는 처음에 전력을 기울여 적을 무너뜨려야만 했다. 그러한 승리 후에 다리우스(Dareios, 다리우스 3세. 페르시아제국의 마지막 왕)가 죽었기 때문에 앞서 말한 이유에 의해 알렉산드로스 왕국은 안정된 시대를 맞이했다. 그리고 그의 후계자들은 단결하기만 하면 태평성대를 누릴 수 있었고, 그들 스스로 일으킨 소란을 제외하면 왕국에는 아무 말썽이 없었다. 그러나 프랑스 같은 구조를 가진 국가는 그렇게 평온하게 유지하는 것이 불가능하다. 스페인이나 프랑스, 그리스에서는 많은 제후국이 있었기 때문에 로마인에 대항하여 많은 반란이 발생했다. 이런 기억이 존재하는 한 로마인의 이들 지역 점유는 항상 확실한 것이 아니었다. 하지만 제국의 권력이 오래 지속되자 이런 기억이 희미해졌고 로마의 지배는 안정되고 확실한 것이 되었다. 그 후 로마인들의 내분이 발생했을 때 각자 자신이 지배하는 지역에서 스스로의 권위에 의해 권력을 유지할 수 있었다. 그 지역에서 옛날의 지배자들의 혈통이 제거되었기 때문에 로마인 이외에 지배자로서 권위를 인정받을 수 있는 자는 없었다.

지금까지 서술한 내용을 숙고해보면 알렉산드로스가 아시아 지역 지배권을 쉽게 유지한 것이나, 다른 경우 피로스(Pyrhos BC 319~272 이피로스의 왕)나 다른 지배자들이 점령한 지역을 유지하는데 큰 어려움을 겪었다는 것은 전혀 이상할 것이 없다. 요컨대 차이를 낳은 것은 정복자의 역량 차이 때문이 아니라 정복된 지역의 상황이 달랐기 때문이다.

한 사람의 군주에 의해 통치되는 나라를 공격하려는 자는 적이 일치단결해 있다는 점을 염두에 두어야 하고, 상대의 혼란과 내분보다는 자신의 병력에 의지해야 한다. 하지만 일단 적에게 결정적인 타격을 가했다면 다음은 군주의 혈족 외에 걱정거리는 없는 셈이다.

제5장

정복되기 전에 고유의 법에 따라 통치되던
도시나 군주국을 통치하는 방법

앞에서 설명한 것처럼 정복되기 전에 고유의 법에 따라 자
유로이 살아가던 경우에, 그곳을 통치하려면 세 가지 방법이
있다. 첫째 그곳을 궤멸시키는 것(성채를 부수고 정치기구를 해체
시킴), 둘째 지배자가 직접 그곳에 가서 거주하는 것, 셋째 그
지역 고유의 법을 존중하되 그곳 내부에 당신과 지속적으로
밀접한 관계를 맺는 과두정권(寡頭政權)을 수립하여 조세를 거
두는 것이다. 과두정권은 지배자에 의해 수립된 것이므로 그
의 비호와 호감이 없이는 성립하지 못함을 알고 있어서 정권
을 유지하기 위해서는 지배자가 어떤 요구를 하든 전력을 다
해 복종해줄 것이다. 그리고 자유로운 법·제도에 익숙한 도

시를 그대로 유지하고 싶으면, 다른 어떤 방법보다도 그곳 시민을 이용하는 것이 효과적이다.

스파르타인과 로마인이 좋은 예가 된다. 스파르타인은 아테네와 테베에 과두정권을 세워 유지했지만 결국 지배권을 잃고 말았다. 로마인은 카푸아, 카르타고, 누만티아를 지배하기 위해 그곳을 멸망시키고 나중에도 빼앗기지 않았다. 로마인은 그리스를 지배하려 할 때 스파르타가 행한 동일한 방법을 채택하여 그들의 법을 그대로 유지하고 자유로이 살게 해주었지만 성공하지 못했다. 그래서 그곳을 지배하기 위해 많은 도시를 멸망시키는 것 외에 방법이 없었다.

그리고 자유로운 방식에 익숙한 도시를 지배하게 된 자가 그곳을 통치하지 못하면 오히려 자신이 그 도시에 의해 파멸하고 말 것이다. 왜냐하면 그 도시는 자유의 이름과 옛날의 제도를 명분으로 내세워 반란을 일으킬 가능성이 상존하기 때문이다. 아무리 시간이 흘러도 또 새 지배자가 아무리 선정을 베풀어도 자유의 이름과 옛날의 제도는 결코 잊혀지지 않기 때문이다. 지배자가 어떤 정책을 펼치든, 주민들을 사방에 분산시키지 않는 이상 자유라는 이름과 예전의 제도는 결코 잊혀지지 않으며 어떤 사건이 생기면 예전의 제도로 회귀하게 된다. 피사가 100년 동안이나 피렌체의 지배를 받았으나 반란을 일으켜 원래로 돌아간 것(1406년 병합되었으나 1494년 반란으로 자유를 되찾음)이 좋은 사례이다.

그러나 군주의 지배에 익숙한 도시나 국가는 군주의 혈통이 끊겨버려도 여전히 복종하는 습성은 남아있게 되지만, 기존의 군주가 존재하지 않는 상황에서 누군가를 새로운 군주로 추대하기도 어렵고 그렇다고 자유로운 제도를 운영할 능력도 없다. 그들은 무기를 들기에도 시간이 오래 걸리므로 군주는 그들을 손쉽게 장악할 수 있다. 하지만 공화국에서는 더 강한 생명력이 있고 지배자에 대한 증오와 복수심이 강렬하다. 그들은 예전의 자유로운 기억을 버리지 않으며 버릴 수도 없다. 따라서 가장 안전한 방법은 도시를 멸망시키든가 아니면 그곳에 직접 거주하면서 통치하는 것이다.

자유로운 방식에 익숙한 도시를 지배하게 된 지도자가 그곳을 통치하지 못하면 오히려 자신이 그 지역 사람들에 의해 파멸하고 말 것이다. 왜냐하면 그 도시는 새 지배자가 아무리 선정을 베풀어도 자유의 이름과 옛날의 제도를 명분으로 내세워 반란을 일으킬 가능성이 상존하기 때문이다.

그러나 군주의 지배에 익숙한 도시나 국가는 군주의 혈통이 끊겨도 여전히 복종하는 습성은 남아있지만, 그들은 새로운 군주를 추대하기도 어렵고 그렇다고 자유로운 제도를 운영할 능력도, 무기를 들기에도 시간이 오래 걸리므로 그들을 손쉽게 장악할 수 있다.

제6장

자신의 무력과 역량으로 차지한 신생 군주국

완전히 새로운 군주국이나 지배권을 논하면서 내가 과거
의 위대한 인물들의 예를 드는 것은 놀라운 일이 아니다. 왜
냐하면 사람이란 다른 사람들이 지나간 길을 걸어가는 법이
며, 또 그 위인들의 행적을 모방하는 법이다. 그러나 위인들
의 행적을 그대로 답습하거나 모방하려고 해도 위인들의 능
력에 필적하지 못하는 경우가 많다. 따라서 현명한 자는 위대
한 인물이 걸어간 길을 따라서 걷고 모방해야 하는 법이다.
비록 자신의 능력이 거기에 미치지 못한다 하더라도 그들의
유익한 영향을 받을 수 있다. 그것은 뛰어난 궁수가 과녁이
아주 멀리 있을 때, 그리고 활이 지닌 힘의 한계를 알고 있기

때문에 과녁보다 높은 곳을 겨냥하는 것과 같다. 이 경우 높은 곳을 맞추려는 것이 아니라 높은 목표를 설정하여 본래의 과녁에 화살이 도달하도록 하기 위함이다.

그래서 새로운 군주가 완전히 새로운 지배권을 유지하는 경우 그것을 획득한 인물의 능력의 크기에 따라 그가 겪게 되는 시련의 크기가 달라진다. 인민에서 군주가 되는 경우엔 능력이나 행운을 누린다는 것이 전제되는데, 이 두 가지 요소 중 하나가 많은 시련을 부분적으로 완화시켜줄 것이다. 그런 경우 적어도 행운에 의지하지 않은 군주가 권력을 더 잘 유지할 수 있을 것이다. 또한 다른 영토를 갖고 있지 않아서 정복지에 직접 거주하기 위해서 가는 경우도 도움이 될 것이다.

행운에 의한 것이 아니라 자신의 실력에 의해 군주가 된 사람들 중 가장 특출난 존재는 모세(성경에 나오는 지도자), 키로스(BC 600~529 페르시아의 왕), 로물루스(로마를 건국한 전설의 인물), 테세우스(그리스 신화에서 아테네의 영웅)를 들 수 있다. 이 중 모세는 신의 명을 받고 단순히 행동한 경우라 여기서 논할 필요가 없을지도 모르지만 신과 언어를 주고 받을 만큼 신의 선택을 받고 은총을 입은 것만으로도 찬양할만하다. 그리고 왕국을 획득하거나 창건한 키로스나 여타 인물들을 고찰해 보면 그들은 모두 칭송 받을만하다.

그들의 행적과 행동을 심사숙고해 보면 위대한 신의 은총을 받은 모세와 다르지 않음을 알 수 있다. 그들의 행위와 생애를 음미해 보면 위인들이 최선의 기회와 재능을 최대한 발휘하는 것 말고는 어느 것도 의존하지 않았음을 알 수 있다. 그러한 기회도 그들이 적절하게 판단할 수 있는 자질을 갖추고 있음에도, 실로 그러한 기회가 찾아오지 않았다면 그들의 정신 속에 깃든 에너지는 위축되었을 것이고 그런 힘이 없었다면 절호의 기회는 무산되었을 것이다.

따라서 모세에게 필요했던 것은 이스라엘 백성들이 이집트에서 이집트인에게 예속되어 억압받는 상황이었고, 그들이 노예 상태를 벗어나기 위해서 모세를 따르고 추종하고 싶은 마음이었다. 로물루스가 로마의 왕이 되어 건국의 시조가 되기 위해서는 알바에서 태어나자마자 버림받을 필요가 있었다. 키로스 왕에겐 페르시아인이 메디아인의 지배를 받아 불만을 품고, 메디아인이 오랜 평화를 거쳐 유약한 기질을 갖게 된 상황이 필요했다. 테세우스에겐 그의 능력을 발휘하기 위해 아테네인이 분열되어 있는 모습을 봐야만 했다. 이러한 호기(好機)를 만나고 나서야 그들은 행운을 붙잡을 수 있었지만,

그들의 탁월한 능력이 없었다면 그런 호기를 찾아내지 못했을 것이다. 그 결과 그들의 조국은 명예를 얻고 번영을 누릴 수 있었다.

이런 인물들처럼 자신의 능력으로 군주에 오른 자는 권력을 얻을 때까지는 고생하지만 그것을 유지하는 것은 어렵지 않게 해나간다. 국가 권력을 차지하는데 따르는 어려움은, 권력과 안정을 확고히 하고, 새로운 제도와 통치 방식을 도입하는 과정에서 불가피한 일이다. 그리고 스스로 앞장서서 새로운 제도를 도입하는 일만큼 힘겨운 일도 없다. 왜냐하면 새로운 제도를 도입한다는 것은 구제도 하에서 이익을 누리던 자들을 모두 적으로 돌리게 되는데, 새로운 제도에서 이익을 얻게 되는 자들은 미온적인 우군에 불과하다. 왜 미온적인가 하면 구제도를 장악하고 있는 자들을 적으로 맞서야 한다는 공포심과 인간의 회의적 속성[눈으로 직접 보고 확인하기 전에는 새로운 제도를 믿지 못하는] 때문이다. 그래서 변화에 반대하는 적은 언제든지 빈틈을 노려 전력을 다해 공격을 가할 준비가 되어 있고, 당파를 결성하여 격렬하게 맞서는 데 반하여, 혁신하려는 군주와 미온적인 우군의 입장은 위험한 상황에 처하게 된다.

이 문제를 충분히 검토하려면, 개혁 세력이 스스로의 힘으로 서 있는가 아니면 남의 힘에 의존하고 있는가. 즉 자기들의 과업을 수행하는데 있어서 그들이 그저 기도만 하고 있는가 아니면 실력을 행사할 수가 있는가를 자세히 검토해야 한다. 전자의 경우라면 반드시 폐해가 발생하여 아무것도 이룰수 없다. 하지만 자신의 힘을 믿고 여차하면 실력을 행사할수 있다면 위기에 처하는 일은 별로 없다. 바로 이런 이유 때문에 무장한 예언자는 모두 승리를 거두었지만 무장하지 않은 예언자는 모두 실패했다. 왜냐하면 위에서 언급한 사실 외에도 인민은 타고난 속성상 변덕을 부리기 쉬우므로 그들에게 한 가지 일을 설득하기는 쉽지만, 그렇게 설득한 상태를 유지하기는 어렵기 때문이다. 그래서 그들이 믿지 않게 되었을 때는 무력(武力)으로라도 믿게 만들 수 있는 수단이 갖춰져 있어야 한다.

모세나 키로스, 테세우스나 로물루스에게 무력을 갖추지 못했다면 그들이 만든 법률과 제도를 오랫동안 유지할 수 없었을 것이다. 이것의 좋은 예는 우리 시대에 지롤라모 사보나롤라 신부는 민중이 새로운 그의 제도를 더 이상 믿지 않게 되자마자 그 제도와 더불어 파멸을 맞이했다. 그 이유는 예전엔 사람들이 믿고 있던 신념이 흔들리고 믿지 않게 되었을 때 믿음을 유지시킬 수 있는 수단이 없었기 때문이다. 그래서 이런 개혁자들은 행동하는데 큰 시련을 겪게 되고, 갖가지 위험이 앞을 가로막기 때문에 자기 역량으로 위험을 극복해야만 한다. 하지만 일단 이를 극복해내면 존경을 받기 시작하고 자기를 시기하는 자들을 제거해 버리면, 그의 지위는 탄탄한 반석 위에 놓이고 찬사를 한 몸에 받으며 영예와 행복을 누리게 된다.

위에서 언급한 사례들에다 중요성이 떨어지는 사례를 추가해 보고 싶다. 그는 위에 언급한 위인들과 유사성이 있는 인물로, 시라쿠사의 히에론(Hieron, BC 306~216 시라쿠사의 왕 히에론 2세)이다. 그는 일개 시민에서 군주가 되었다. 그도 역시 운명으로부터 좋은 기회를 부여 받았다. 당시 시라쿠사가 위기에 처해 있을 때(BC 270년 시라쿠사는 캄파니아 용병부대의 침공 위협을 받음) 사람들은 그를 지휘관으로 임명했다. 그는 기회를 잘 살려 지배자가 될 수 있었다. 그는 일개 시민이었을 때도 대단한 능력을 발휘하였기 때문에 어떤 이는 "이 사람이 왕으로서 부족한 것은 통치할 왕국을 갖지 못했다는 것 뿐이다"라고 얘기했다. 그는 예전 군대를 해체하고 새로운 제도를 조직했다. 기존의 우호관계를 끊고 새로운 관계를 수립했다. 그리고 군대와 동맹국을 확보하자 그 기반 위에 차례차례로 자신의 국가를 세워나갔다. 그래서 군주의 자리를 차지하는 데는 엄청난 고생을 겪었지만 이를 유지하는 데는 아무 어려움도 없었다.

현명한 사람는 위대한 인물들의 방법을 따르거나 모방하며 자기를 계발하는 법이다. 비록 자신의 능력이 거기에 미치지 못한다 하더라도 그들의 유익한 영향을 받을 수 있기 때문이다.

그것은 뛰어난 궁수가 목표물이 아주 멀리 있을 때, 목표물보다 높은 곳을 겨냥하는 것과 같다. 이 경우 높은 곳을 맞추려는 것이 아니라 높은 목표를 설정하여 본래의 목표물에 화살이 도달하도록 하기 위함이다.

행운에 의해서가 아니라 자신의 역량에 의해 군주가 된 사람들의 행위와 생애를 음미해 보면, 그들은 자신들이 생각한 최선의 기회와 재능을 최대한 발휘하여 위대한 군주가 되었다.

국가 권력을 차지하는데 따르는 어려움은, 권력과 안정을 도모하고, 새로운 제도와 통치 방식을 도입하는 과정에서 불가피한 일이다. 왜냐하면 새로운 제도를 도입한다는 것은 구제도 하에서 이익을 누리던 자들을 적으로 돌리게 되는데, 새로운 제도에서 이익을 얻게 되는 자들은 소극적인 우군에 불과하다. 이렇게 소극적인 지지만 받는 이유는 구제도를 장악하고 있는 자들을 적으로 맞서야 한다는 공포심과 인간의 회의적 속성상 눈으로 직접 보고 확인하기 전에는 새로운 제도를 믿지 못하기 때문이다.

바로 이런 이유 때문에 무력을 갖춘 예언자는 승리를 거두었지만 무장하지 않은 예언자는 모두 실패했다. 사람들은 타고난 속성상 변덕을 부리기 쉬우므로 그들을 설득하기는 쉽지만, 그렇게 설득한 상태를 유지하기는 어렵기 때문이다. 그래서 그들이 믿지 않게 되었을 때는 무력으로 믿게 만들 수 있는 수단이 갖춰져 있어야 한다.

제7장

타인의 무력과 행운으로 획득한 군주국

평민 출신이었으나 행운에 힘입어 군주가 된 자들은 군주
의 자리를 차지하는데 어려움이 없었지만 그것을 유지하는
데는 크나큰 고난이 따른다. 도중에 이렇다 할 고난을 겪지
않은 것은 거기까지 날아서 건너뛴 셈이다. 하지만 일단 그곳
에 자리를 잡으면 헤아릴 수 없이 많은 시련이 찾아온다. 이
것은 돈의 힘이나 타인의 호의에 힘입어 군주의 자리를 차지
한 경우도 마찬가지다.

　이런 예는 그리스의 도시국가에서 찾아볼 수 있다. 즉 다
리우스 왕은 자신의 안전과 영광을 위해 이오니아와 헬레스
폰토스의 여러 도시국가에 지배자를 임명했다. 또한 평민이

돈의 힘으로 군대를 매수하여 황제 자리를 차지한 경우도 있다. 이런 군주의 지위는 그를 군주로 만들어준 자의 의지와 행운에 힘입은 것인데, 인간의 의지와 행운이란 대단히 변하기 쉽고 불안정한 것이다.

게다가 그는 자신의 권력을 유지할 능력이 없다. 그래서 그가 대단한 지혜와 능력의 소유자가 아니라면, 평민으로 살아온 사람이 남에게 명령하고 그 지위를 유지하는 방법을 알 수 없는 법이다. 그리고 지위를 유지할 수 없는 또 다른 이유는 그에게 충성을 바칠 무장세력이 없기 때문이다. 그뿐 아니라 갑작스럽게 주어진 권력이란 급속하게 성장한 식물처럼 뿌리와 줄기를 충분히 뻗지 못해서 악천후와 같은 역경에 견디지 못하고 쓰러져버리고 만다. 이미 서술한 바와 같이 갑자기 군주가 된 자는 행운의 여신이 가져다 준 지위를 유지하기 위한 조치를 즉시 시작할 능력도 갖고 있지 않고, 그리고 다른 사람들이 군주가 되기 전에 갖춰야 할 기반을 군주가 된 후에도 구축할 능력이 없다면 결국 그 지위를 유지할 수 없는 것이다.

위에서 언급한 두 가지 방법, 자기 능력에 의해 또는 타인의 호의에 의해 군주가 된 자로서 우리가 기억하는 실례를 들어보겠다. 즉 프란체스코 스포르차와 체사레 보르자이다. 프란체스코는 적절한 수완과 위대한 재능을 가지고 일개 시민에서 밀라노 공작이 되었다. 그는 숱한 고난을 거쳐 획득한 지위를 별 어려움 없이 지킬 수 있었다.

반면에 발렌티노 공작이라 불리는 체사레 보르자는 부친의 호의 덕분에 그 지위를 획득했으나 부친의 불운과 함께 자신의 지위를 상실하고 말았다. 하지만 그는 현명하고 유능한 사람이 해야 하는 일들을 다했고, 타인의 호의와 무력을 가지고 획득한 영토에 자신의 뿌리를 내리기 위해 할 수 있는 모든 수단을 동원하고 전력을 기울였다. 이미 서술한 바와 같이 당초 자신의 기반이 구축되지 않은 상태에서 나중에 그것을 하려고 하면 특출한 능력이 필요한 것이고, 또한 건축가 자신과 건축물의 위험이 수반되는 것이다. 그리고 체사레의 오랜 행적을 관찰해보면 그가 장래의 권력을 위해서 기반 다지기에 훌륭하게 노력했음을 알 수 있다. 그리고 신생 군주에 대한 적절한 가르침으로서 그의 활동을 논하는 것보다 더 좋은 사례는 없다. 그리고 그의 노력이 결국 성공을 거두지는 못했지만 그것은 그의 잘못이 아니다. 왜냐하면 그의 몰락은 너무나 예외적인 운명의 가혹한 장난(부친인 교황의 갑작스러운 사망)

때문이었으니까.

알렉산데르 6세가 아들인 발렌티노 공작을 위대한 인물로 키우려고 할 때, 당시에는 물론 장래에도 많은 어려움이 있었다. 첫째 교황령 이외의 지역에서는 아들을 군주로 만들 수 있는 지역이 없었다. 또 본래 교황령에 속하는 땅을 빼앗으려고 하면 밀라노 공작(프란체스코 스포르차)과 베네치아인이 그것을 용납하지 않음을 알고 있었다. 그리고 파엔차와 리미니는 이미 베네치아인의 보호 하에 있었다. 게다가 교황이 사용할 수 있는 군사력은 교황의 권력 증대를 가장 꺼려하는 세력의 수중에 있음을 알았다. 모든 군사력을 오르시니 파와 콜론나 파 또는 그들의 동맹세력이 장악하고 있었던 것이다. 그래서 교황은 군대를 움직일 수가 없었다. 따라서 본래 교황령에 속한 지역을 확실히 장악하려면 이러한 기존 질서를 혼란에 빠뜨리고 그들의 지배권을 해체해야만 했다. 그런데 이런 상황을 만들기는 간단했다. 왜냐하면 베네치아인이 다른 이유 때문에 프랑스 세력을 이탈리아에 끌어들이려는 것을 알고 교황은 그 계획에 반대하지 않았을 뿐 아니라 루이 왕의 첫 결혼 취소(이혼)를 인정해 줌으로써 일이 쉽게 진전되었다. 그렇게 해서 루이 왕은 베네치아인의 지원을 업고 알렉산데르의 승인을 얻어 이탈리아에 진입했다. 왕이 밀라노에 입성하자마자 교황은 프랑스군대의 일부를 빌려서 로마냐 지방을 공략했는데 루이 왕은 자기 명성을 위해 이를 허락했다. 그렇게 해서 발렌티노 공작은 로마냐 지방을 획득했고 콜론나 파를 굴복시켰다. 그는 로마냐 지방의 지배권을 유지하고 더 나아가 영토를 확장하고 싶었는데 그의 앞에는 두 가지 장애물이 있었다. 첫째는 그의 군대에 대하여 충성심을 믿을 수 없다는 것, 둘째는 루이 왕의 본심에 대해 의심스러웠다는 점이다. 그가 사용하던 오르시니 군대가 그를 배신하고 영토확장을 방해할 뿐만 아니라 이미 점령한 영토마저 빼앗는 게 아닐까 그리고 루이 왕도 비슷한 생각을 품고 있는 게 아닐까 하는 두려움이 있었다.

그리고 오르시니 파에 관해서는 자신의 염려를 뒷받침하는 상황을 목격하게 되었다. 그것은 즉 파엔차를 점령한 후 볼로냐를 공격하는 상황에서 오르시니 파가 그 공격에 대해 냉담한 태도를 보였기 때문이다. 그리고 루이 왕에 관해서는, 우르비노 공국을 점령하고 토스카나로 진격할 때 루이 왕이 그것을 만류하는 모습에서 본심을 간파할 수 있었다. 그래서 공작은 타인의 군대나 호의에 의존하지 않기로 결심했다.

그래서 우선 로마의 오르시니와 콜론나 양 세력의 힘을 약화시켰다. 그들을 추종하는 귀족들에게 충분한 녹봉을 안겨주어 우군으로 바꿔놓았다. 그리고 그들의 능력에 따라 지휘관이나 행정관을 임명했다. 그러자 수 개월 후에 그들의 마음에서 예전의 파벌에 대한 충성심이 사라지고 공작에게 충성심이 이동하게 되었다. 그 다음은 콜론나 파의 지도급 인사들을 분열시킨 후 오르시니 파의 지도자들을 섬멸시킬 기회를 노렸다. 드디어 기회가 찾아왔고 그는 멋지게 기회를 이용했다. 사실 오르시니 파는 공작과 교회의 힘이 강해지면 자신들에겐 파멸을 의미한다는 것을 늦게나마 눈치 채고 페루자 지방의 마조네에서 회합을 가졌다(1502년 9월 24일부터 2주간). 그 모임 이후 우르비노 지방의 반란, 로마냐 지방의 소요가 발생하고 여러 차례 공작에게 위기가 닥쳤으나 공작은 프랑스의 도움을 받고 극복할 수 있었다. 그래서 다시 안정을 되찾자 그는 프랑스나 다른 나라의 군대에 의존하지 않기로 하고, 오르시니 파를 자극하지 않도록 술수를 동원했다. 그는 너무나 완벽하게 속임수를 쓰고 본심을 위장했기 때문에 오르시니 파는 파올로 영주를 중개자로 하여 공작에게 화해를 청했다. 그때 공작은 파올로에게 금전, 의복, 말 등을 제공하여 그의 환심을 사기 위해 온갖 정성을 들였다. 그렇게 그들은 순진하게 속아 넘어가 시니갈리아에 와서 공작의 함정에 빠지고 말았다(Vitelli 등 오르시니 파는 공작의 군대에 복귀하여 시니갈리아를 공략하는 임무를 맡았다. 체사레는 부하들을 시켜 Vitelli, Oliverotto, Paolo와 Francesco Orsini를 붙잡아 앞의 두 명을 살해하고 나머지는 로마에서 교살했다). 마침내 반대파 지도자들을 섬멸하고 추종자들을 우군으로 바꿔 로마냐 전역과 우르비노 공국을 장악할 수 있었고 이제 공작은 자신의 권력을 위해 충분한 기반을 구축하게 되었다. 특히 로마냐 주민들의 지지를 얻었고 그의 지배하에 번영을 누리자 완전히 안정을 확보한 듯 보였다.

이 부분은 특히 주목할 만하다. 다른 이들이 배울만한 가치가 있어서 생략할 수가 없다. 공작이 로마냐 지방을 점령했을 때 그곳은 오랫동안 무능한 영주들이 통치해왔음을 알았다. 과거 영주들은 신민을 제대로 다스리기보다는 약탈의 대상으로 보았고 신민을 단결시키기 위해 노력하기보다는 분열시키려고 획책했다. 그 결과 그곳은 도적이 들끓고, 분쟁과 무법행위가 판을 치고 있었다. 그런 상황이라 공작은 군주의 지배에 순종하는 인민으로 바꿔야 한다고 판단했다. 그래서 레미로 데 오르코(처음엔 체사레의 집사로 일했는데 1501년 로마냐 통치관이 됨. 1502년 12월 투옥되고 처형됨)라는 잔인하지만 영리한 인물을 그곳의 통치자로 임명했다. 레미로는 단기간에 질서와 평온을 회복시키고 굉장한 명성을 얻었다.

공작은 레미로가 민중에게 반감을 살 우려가 있다고 보고 지나친 권위는 불필요하다고 판단했다. 그래서 그 지방에 재판소를 설치하여 뛰어난 재판장(Antonio de Monte라는 학식이 깊고 청렴한 인물)을 임명하고, 각 도시에서 그 재판소에 법률가를 파견했다. 공작은 그때 지나치게 엄격한 통치로 인해 인민들이 권력자에게 증오심을 품고 있음을 알아차리고 민심수습을 위해 손을 썼다. 즉, 그동안의 가혹행위는 공작이 명한 것이 아니라 레미로의 과격한 성격 때문에 일어난 일이라고 보이기 위해 노력했다. 그때 적절한 기회를 포착하여, 어느 날 아침 두 토막이 난 레미로의 시체와 처형에 사용한 형틀과 피묻은 칼을 체세나 광장에 전시했다. 잔혹한 광경을 목격한 인민들은 만족하면서도 경악하지 않을 수 없었다.

여기서 우리는 본론으로 돌아와 보자. 공작은 이제 막강한 권력의 소유자가 되어 당면한 위기를 모두 해결하고 뜻한 바대로 자신의 군대를 거느리게 되었고, 위협이 되는 주변 세력은 모두 말살시켰기 때문에 지금까지의 기세로 영토를 확장해 나가려면 프랑스 왕이 문제로 남아있었다. 왜냐하면 프랑스 왕이 뒤늦게 자신이 저지른 잘못을 깨달았기 때문에 공작은 프랑스 왕의 지지를 얻을 수 없다는 것을 인식했던 것이다. 그래서 공작은 새로운 동맹국을 찾아 나섰고, 가에타(1503년 4월 체리뇨라 전투에서 패주한 프랑스군이 이곳에 집결함)를 포위한 스페인군에 대항하여 프랑스가 나폴리왕국으로 향하는 상황에서 공작은 프랑스에 대해 모호한 태도를 취했다. 그의 본심은 프랑스로부터 자립하는 것이었다. 그것은 만일 알렉산데르가 살아있었다면 즉시 성공할 수 있었을 것이다.

이런 정책이 그가 당면과제를 처리한 그의 방식이었다. 그런데 부친이 죽은 후 새로운 교황 계승자가 공작에게 호감을 갖지 않았고, 부친이 공작에게 베푼 것을 새로운 교황이 다시 빼앗아가지는 않을까 하는 것이 큰 걱정거리였다. 그래서 공작은 네 가지 방책을 세웠다. 첫째 지금까지 정복한 지역의 이전 지배자들 혈통을 말살시켜서 교황에게 지배권을 회복시킬 수 있는 개입의 여지를 남기지 말 것. 둘째 교황을 견제하기 위해 로마의 귀족들을 우군으로 포섭할 것. 셋째 추기경회의에서 과반수 이상을 이쪽 편으로 만들 것. 넷째 현 교황이 사망하기 전에 충분한 영토를 확보하여 유사시 공격을 당하더라도 자력으로 견뎌낼 수 있도록 할 것.

네 가지 방책 가운데 셋째까지는 부친이 사망할 당시 달성해냈고 이제 넷째 과업에 착수하려고 하는 중이었다. 즉, 영토를 빼앗은 지역의 군주들 가족은 가능한 한 많이 살해해 버렸고 극히 미미한 숫자만이 도주에 성공했다. 또 로마 귀족들을 우군으로 만들었고 추기경 회의에서도 압도적 다수를 포섭해 놓았다. 새로 정복한 영토를 말하자면 그는 토스카나 지방의 지배자가 될 의도로 이미 페루자와 피옴비노를 장악했고(페루자는 1503년 1월, 피옴비노는 1501년 9월에 정복함), 피사는 그의 보호하에 두었다. 그뿐 아니라 프랑스는 이제 우려할 상대가 아니었다[왜냐하면 프랑스는 이미 스페인에게 나폴리 왕국을 빼앗겼기 때문에 두 나라는 긴박하게 공작을 동맹자로 만들 필요가 있었다]. 그래서 피사를 수중에 넣고 이어서 루카와 시에나는 피렌체에 대한 시기심과 공작에 대한 두려움으로 투항하고 말았을 것이고 피렌체는 속수무책이었을 것이다. 만일 공작의 계획이 전부 성공했더라면 알렉산데르가 사망한 해에는 성공했을 것이다. 그는 막강한 군사력과 명성을 얻고 홀로 우뚝 자립하여 더 이상 행운이나 타인의 호의에 의존할 필요도 없었을 것이다.

하지만 그가 칼을 꺼낸 지 5년만에 알렉산데르 교황이 사망했다. 교황은 로마냐 지방의 지배권만을 확고한 것으로 남기고 다른 영토는 공중에 떠버려, 공작은 강대한 두 나라 사이에 끼였고 게다가 공작 자신이 중병에 걸려 눕고 말았다. 공작은 몹시 잔혹했으며 동시에 누구보다 유능했다. 그는 어떻게 하면 사람의 마음을 장악할 수 있는지 또는 잃게 되는지 아주 잘 이해하고 있었다. 그가 단기간에 이룬 토대 구축은 대단히 견고한 것이어서 가령 강력한 군사력의 공격을 받지 않았거나 또는 그의 건강이 양호했더라면 어떠한 시련이라도 물리쳤을 것이다. 그리고 그의 토대 구축이 얼마나 뛰어났는가는 다음 사실에서 확인할 수 있다. 로마냐의 민중은 1개월 이상이나 그의 출현을 기다렸다. 그가 반죽음 상태에 놓였는데도 로마 시민은 동요하지 않았다. 그리고 발리오니 파, 비텔리 파, 오르시니 파의 지도자들이 로마에 귀환했지만 인민들은 공작을 배신하거나 그들을 추종하려고 하지 않았다. 또 그는 자기가 원하는 인물을 교황으로 만들지는 못할지라도 적어도 원치 않는 인물이 교황이 되는 것을 막을 능력이 있었다. 그러므로 알렉산데르가 사망할 때 그가 건강했다면 모든 일을 유리하게 끌고 갈 수 있었음에 틀림없다. 율리우스

2세가 선출되던 날 공작은 내게 이렇게 말했다. "나는 부친이 사망할 경우 일어날 일들을 예상하여 미리 조치해 두었지만, 부친의 사망 시점에 나도 빈사에 헤매는 처지가 될 줄은 전혀 예상하지 못했다."

그래서 공작의 모든 행적을 돌이켜 볼 때 나는 그를 비판할 생각이 없다. 오히려 앞서 서술했다시피 행운이나 타인의 무력에 의해 권력을 잡게 된 자는 그의 활동을 배울 필요가 있다고 본다. 사실 그는 특별한 용기와 커다란 야망을 품었는데 그보다 더 훌륭하게 통치할 방법은 없다고 생각한다. 그의 시도를 좌절시킨 것은 부친의 단명(부친 알렉산데르 6세는 73세에 사망했으니 당시로 보면 상당히 장수한 편이다. 여기에서 단명이란, 공작이 이탈리아의 패권자가 되기 위해 부친의 존재가 조금 더 필요했다는 주관적인 의미)과 그 자신의 병환뿐이었다.

새로이 군주가 된 자로서 다음에 열거하는 사항은 필수불가결한 행동인데 누구보다 공작의 행적에서 그 모범적인 사례를 배울 수 있을 것이다. 즉 적에게 위협받지 않도록 하는 것, 우군을 확보하는 일, 무력과 속임수로 승리를 얻는 것, 인민들의 사랑을 받으면서 외경심을 품게 하는 것, 자신을 공격할 수 있거나 틀림없이 공격할 자를 말살시키는 것, 새로운 제도로 구제도를 바꾸는 것, 준엄하면서 친절한 것, 도량이 크고 호의를 베푸는 것, 충성심이 없는 군대를 해체시키고 새로운 군대를 조직하는 것, 다른 왕이나 군주들과 우호관계를 유지하고 그들이 자진해서 이쪽에 호의를 베풀게 하는 것, 그리고 그들을 공격할 경우엔 신중을 기하는 것 등을 공작으로부터 배워야 할 것이다.

그의 행동 가운데 유일하게 비판 받아야 할 것은 교황을 선출할 때의 실책이다. 즉 교황 율리우스를 선택한 것은 잘못이었다. 이미 서술한 대로 그는 자기가 원하는 인물을 선출시킬 수는 없어도 원치 않는 인물이 되지 못하게 막을 수는 있었다. 그래서 자신이 예전에 위해(危害)를 가한 추기경이나, 만일 교황이 되면 자기를 두려워하게 될 추기경이 교황이 되는 일에 동의를 해서는 안되었다. 인간이란 증오심이나 공포심 때문에 타인을 공격하는 법이다. 그에게 상처를 입은 추기경 중에는 특히 산 피에로 아드 빈쿨라(율리우스 2세로 로마의 성당 이름을 딴 이름을 가짐), 콜론나, 산 조르조, 아스카니오(이들은 모두 체사레 부자에게 박해를 받았음)가 있었다. 다른 추기경들도 교황의 자리를 차지하면 공작의 존재를 두려워할 사람들이었다. 루앙 추기경(체사레 부자 덕분에 추기경이 됨)과 스페인 출신의 추기경들만이 예외적인 경우였다. 스페인 출신들도 그에게 은혜를 입은 적이 있었다. 따라서 공작은 무엇보다 스페인 출신을 교황으로 선택했어야 했다. 그것이 여의치 않다면 루앙 추기경을 선택해야 했지, 산 피에로 아드 빈쿨라를 승인해서는 안 되었던 것이다. 고위직에 있는 자에게 새로운 은혜를 베풀어 과거의 모욕을 잊게 만들 수 있다고 믿는 것은 자기기만일 뿐이고 그에게서 받은 모욕은 결코 잊지 않는다. 그러므로 이 선택에서 공작은 치명적인 실책을 범했고 자신이 파멸하는 결정적 원인이 되었다.

재력으로 군대를 매수하여 황제의 자리를 차지한 경우도 있다. 이런 군주는 그에게 변함없이 충성을 바칠 무장 세력이 없기 때문에 그들의 이익과 호감을 얻지 못한다면 자신의 권력을 유지할 능력이 없다. 탁월한 재능도 없이 갑작스럽게 주어진 권력이란 급속하게 성장한 식물처럼 뿌리와 줄기를 충분히 내리지 못해서 폭풍우에 견디지 못하고 쉽게 쓰러져 버리는 것과 같다.

유능한 군주는 통치에 순종하는 백성으로 바꿔야 한다고 판단하면 잔인하지만 현명한 인물을 지역의 통치자로 임명하여 다스리게 한다. 가혹한 지배와 엄격한 통치로 인해 백성들이 군주에게 증오심을 품고 있다면, 그 동안의 가혹행위는 군주가 명한 것이 아니라고 말하며 모든 것을 부하의 잘못으로 돌릴 수 있기 때문이다.

사람은 증오심이나 공포심 때문에 상대를 공격하는 법이다. 감정 있었던 높은 지위에 있는 사람에게

지도자가 새로운 은혜를 베풀어 과거의 모욕을 잊도
록 할 수 있다고 생각하는 것은 자기기만일 뿐이고 그
에게서 받은 모욕은 결코 잊지 않는다.

제8장

극악무도한 방법으로 군주에 오른 인물들

일개 평민에서 군주의 자리까지 올라가려면 두 가지 방법이 있다. 이런 방법은 운명이나 역량으로 분류할 수 없기 때문에 나로서는 언급하지 않을 수 없다. 다만 그 중 하나는 공화국을 다룰 때 자세히 논하겠다. 두 가지 방법이란 극악무도한 방법으로 군주의 자리에 오르는 방법과 그리고 일개 시민의 몸으로 다른 시민들의 추대를 받아 통치자가 되는 방법이다. 첫째 방법을 얘기하면서 나는 고대와 현대의 두 가지 사례를 들어보겠다. 이 부분에선 더 이상 깊이 들어가지는 않겠다. 혹시 그렇게 하고 싶은 사람에게도 두 가지 예로 충분하다고 판단하기 때문이다.

시칠리아 출신의 아가토클레스(Agathokles BC 361~289, 재위 BC 316~289)는 평민, 그것도 최하층의 미천한 집안 출신으로 시라쿠사(시칠리아 남부 도시국가)의 왕이 되었다. 그는 도공(陶工)의 자식으로 태어나 평생 잔혹한 길을 걸었다. 그의 극악무도한 행동은 뛰어난 정신과 육체의 힘이 동반되었기 때문에 군대에 들어가자 척척 진급을 거듭했고 시라쿠사 군대의 사령관 자리에 올랐다. 그 지위가 확고히 안정되자 그는 언젠가는 남의 도움 없이 폭력을 사용하여 군주가 될 것[그때까지 군주는 사람들의 동의를 얻어 오르는 자리였음]을 결심했다. 그가 군주가 될 준비를 조금씩 진행하던 차에, 당시 군사를 이끌고 시라쿠사를 공격하던 카르타고의 하밀카르와 음모를 꾸몄다. 어느 날 아침 그는 공화국에 관한 중대사를 논의할 것처럼 꾸며 시라쿠사의 인민들과 원로원을 소집했다. 그리고 미리 정해진 신호에 따라 자신의 군사를 시켜 모든 원로원 의원과 재산가들을 남김없이 전원 학살했다. 그 결과 아가토클레스는 어떤 반대도 받지 않고 도시의 지배자가 되었다. 그는 나중에 카르타고 군대에게 두 번 패배했고, 결국 포위당했지만 그는 시라쿠사를 방어할 수 있었을 뿐만 아니라, 군대 일부를 포위 공격에 대한 방어용으로 남기고 다른 부대를 이끌고 카르타고를 직접 공격하여 단기간에 시라쿠사의 포위망을 풀게 했고, 카르타고를 궁지에 몰아넣기까지 했다. 그래서 카르타고는 그와 협상을 원하게 되었고, 결국 아프리카 영토로 만족할 수 밖에 없었고, 시칠리아는 아가토클레스에게 넘겨줄 수밖에 없었다.

이 사내의 행동과 인생을 살펴보면 그의 출세에 행운이 그다지 또는 전혀 작용하지 않았음을 알게 된다. 이미 서술한 바와 같이 그는 타인의 호의에 의존하지 않고 수많은 역경과 위험을 극복하고 쟁취한 군 사령관 지위를 발판으로 군주가 되었고 이후에도 용감하고 위험천만한 결단으로 지위를 유지했다.

하지만 동료 시민들을 학살하고, 친구를 배신하고, 신의를 저버리고, 무자비하고, 신앙심이 결여된 인물을 훌륭한 인물이라고 할 수는 없다. 그런 수단으로 권력을 쟁취할 수는 있지만 명성을 얻을 수는 없다. 하지만 위험 속에 뛰어들어 거기에서 탈출하는 아가토클레스의 역량과 역경을 견디고 그것을 극복하는 그의 정신력의 위대성을 평가해보면, 그는 어떤 탁월한 장군과 비교해 봐도 그가 뒤떨어진다고 평가할만한 부분은 보이지 않는다. 그럼에도 불구하고 극악무도하고 야만적이고 비인간적인 악행들을 고려하면 그를 위대한 인물의 반열에 올려놓을 수가 없다. 그렇다고 해서 그가 거둔 성공을 행운에 의한 것이라고 분류할 수도 없다.

우리가 살았던 알렉산데르 6세 시대에 페르모의 올리베로토라는 사례가 있다. 그는 어린 나이에 부모를 잃고 외숙부인 조반니 폴리아니의 밑에서 자랐다. 그는 아주 어린 나이에 파올로 비텔리(군 지휘관이었는데 1499년 10월 반역죄로 처형됨)의 부하로 들어가 군사 훈련을 받고 군인으로 출세하려고 했다. 파올로가 죽은 뒤 파올로의 아우인 비텔로초의 부하로 들어갔는데 영리함과 강인한 체력과 정신력으로 아주 단기간에 군부 지도자로 성장했다. 그런데 남의 휘하에 있는 것을 굴욕적이라고 생각했고, 조국의 자유보다 예속 상태를 원하는 페르모의 일부 시민의 도움과 비텔로초의 호의를 얻어 페르모를 점령해야겠다는 결심을 했다. 그래서 조반니 폴리아니에게 쓴 편지에서 그는 말했다. 오랫동안 고향을 떠나 살았기 때문에 외숙부와 고향에 가보고 싶고, 자신이 받을 상속 유산도 확인하고 싶다고 했다. 또한 지금껏 고생을 마다하지 않은 것은 명예를 얻기 위해서였으며, 그동안 자신이 허송세월 하지 않았다는 것을 인근 시민들에게 보여주기 위해 동료와 부하들 중 100명의 기병을 인솔하여 당당하게 귀향할 것이니 페르모 시민들이 떠들썩하게 환영해주길 바란다고 요청했다. 그리고 그런 행사는 자신만의 명예가 아니라 길러준 부모인 외숙부의 명예가 될 것이라고 적었다.

조반니는 조카를 위해서 최대한의 성의를 다해 만반의 준비를 했다. 그는 시민들로 하여금 자기 조카를 정중하게 환영하도록 자기 집에 숙박시켰다. 올리베로토는 외숙부의 집에 며칠 머물면서 잔혹한 범죄를 준비했다. 그리고 성대한 연회를 열어 거기에 외숙부와 페르모의 저명한 인사들을 초대했다. 식사가 끝나고 연회에 으레 따르는 여흥이 끝나자 올리베로토는 용의주도하게도 화제를 진지한 토론으로 바꿔 교황 알렉산데르와 아들 체사레의 위대성과 업적을 늘어놓았다. 그때 조반니와 다른 시민들이 그의 말에 반론을 꺼내자 그는 그런 민감한 이야기는 좀더 은밀한 장소에서 논의해 보자고 제안했다. 그래서 조반니와 다른 시민들이 그를 따라 별실로 들어가 자리에 앉자 잠복했던 병사들이 돌연 나타나 조반니와 시민들을 모두 살해해 버렸다.

잔혹한 학살극을 마친 올리베로토는 말을 타고 거리를 돌며 고위관리들의 관사를 포위했다. 공포에 사로잡힌 사람들은 그에게 복종하지 않을 수 없었고, 그는 새로운 정부를 조직하고 지배자가 되었다. 불만을 품고 그에게 공격을 가할 우려가 있는 사람들은 모두 죽었기 때문에 그는 새로운 정치와 군사 제도로 권력을 강화시켰다. 그 결과 1년간 권력을 확고히 안정시키자 페르모 뿐만 아니라 인접 나라들도 그를 두려워하게 되었다. 앞에서 서술한대로 그가 시니갈리아에서 오르시니 파와 비텔리 가문과 함께 사로잡혔을 때, 만일 그가 체사레의 함정에 빠지지 않았다면, 그를 공략하기는 아가토클레스 못지 않게 어려웠을 것이다. 하지만 그는 외숙부 학살부터 1년 후 그에게 여러 가지를 가르쳐준 스승인 비텔로초와 함께 붙잡혀 교수형을 당했다.

아가토클레스나 그와 비슷한 유형의 인물이 수많은 배신과 잔혹한 악행을 저질렀음에도 불구하고 고국에서 오랫동안 안전하게 통치하고 외적을 잘 방어하면서도, 시민들의 음모에 당하지 않은 것은 왜일까 의아해 하는 분이 있을 지도 모르겠다. 그것은 잔혹 행위를 저지른 많은 지배자들이 전쟁 시는 물론이고 평화 시에도 군주의 권력을 유지하지 못하는 경우가 허다하기 때문이었다. 내 생각에 이것은 잔혹 행위가 잘못 사용되었는가, 잘 사용되었는가에 달려있다. 잘 사용된 경우는[나쁜 행위에도 잘, 멋지게(well)라는 말이 허용된다면] 자신의 지위를 안정시키기 위한 필요에서 악한 수단을 한 번만 사용하고 이후엔 그런 행위와 수단을 버리고, 가능한 한 신민의 이익 옹호와 통치 정책을 전환하는 경우라고 할 수 있을 것이다. 그에 반해서 잘못 사용되었다는 것은 처음 잔혹 행위는 적었으나 나중엔 거리낌없이 늘어나는 경우이다. 첫째 방법을 따른 자는 아가토클레스처럼 자기 지위를 유지할 때 신과 인민들의 협력을 얻어 대처할 수가 있지만 둘째 방법을 취한 자는 지위를 유지할 수가 없다.

그러니까 여기에서 주의할 점은, 어떤 영토를 정복하는 경우에 정복자가 해야 할 모든 잔악 행위를 매일 조금씩 하지 말고 일거에 단행할 것이며 그것을 반복하지 말아야 한다. 그렇게 해서 민심을 수습하고 은혜를 베풀어 민심을 얻을 수가 있다. 반대로 용기가 부족하거나 판단력이 잘못된 경우는 항상 손에 칼을 쥐고 있어야 하는 처지가 된다. 왜냐하면 지속적으로 벌어지는 가해행위로 인해 신민은 마음을 놓을 수 없고 군주도 역시 신민을 믿을 수가 없기 때문이다. 그러니까 가해행위는 한번에 모아서 단행해야 하고 시혜행위는 천천히 조금씩 베풀어야 신민이 그것을 잘 느낄 수 있다. 그래서 군주 되는 자는 좋든 나쁘든 어떤 사건이 발생하든 불변의 태도를 취할 수 있어야 하고 신하와 함께 지내야 한다. 왜냐하면 비상 사태에는 단호한 조치를 취하려 해도 시간적 여유가 없을 것이고 시혜행위는 군주에게 도움이 되지 못한다. 비상시라는 상황 때문에 어쩔 수 없이 베푼다고 생각하여 감사하는 마음을 갖지 않기 때문이다.

　다른 사람의 힘에 의존하지 않고 수많은 역경과 위험을 극복하고 군주가 된 자는 용감하고 위험이 따르는 결단으로 지위를 유지하지만, 약한 백성을 학대하고, 주변 인물을 배신하고, 신의를 저버리고, 무자비하고 신앙심이 결여된 인물이라면 훌륭한 사람이라고 할 수는 없다. 그런 수단으로 권력을 쟁취할 수는 있겠지만 후세에 명성을 얻을 수는 없다.

　수많은 배신과 잔혹한 악행을 저질렀음에도 권력에서 오랜 기간 안전하게 통치하고 외적을 잘 방어하면서, 시민들의 음모에 당하지 않은 것은 잔인한 행위를 유효적절하게 사용했기 때문이다.

　잔혹 행위도 잘못 사용되었는가, 잘 사용되었는가에 달려있다. 처음에는 자신의 지위를 안정시키기 위해 악한 수단을 사용하고, 이후엔 그런 수단을 버리고 가능한 한 국민들에게 유익한 조치로 바뀌어야 한다. 그에 반해서 잘못 사용되었다는 것은 잔혹 행위가 차츰 더 가혹해진 경우이다. 그런 지도자는 지위를 오랫동안 유지할 수 없다.

어떤 지역을 정복하는 경우에 정복자가 해야 할 모든 잔악 행위는 일거에 단행할 것이며 그것을 반복하지 말아야 한다. 그렇게 해서 질서를 회복하고 민심을 수습하고 은혜를 베풀어야 민심을 얻을 수가 있다. 그러니까 잔인한 수단은 한 번에 모아서 단행해야 하고, 은혜를 베푸는 행위는 천천히 조금씩 베풀어야 기쁨을 잘 느낄 수 있다.

제9장
시민의 지지에 의한 군주국

또 한 가지 방법이란, 인민이 극악무도한 행위나 폭력에 의하지 않고 동료 시민들의 호의에 의해 군주가 되는 것이다. 이것은 시민의 지지에 의한(시민형) 군주권이라고 불린다. 이 지위에 도달하려면 뛰어난 능력이나 행운을 필요로 하지 않고 기회를 잘 이용하는 영리함이 필요하다. 이런 경우에 그는 인민의 호의 또는 귀족의 호의에 의해 지위를 차지한다. 어느 도시나 이 두 가지 계층이 있는데 인민은 귀족에게 명령받거나 억압받기를 원하지 않고, 귀족은 인민에게 명령을 하거나 억압하고 싶어한다. 이 두 가지 상반된 욕망으로부터 도시에는 군주정(君主政), 공화정(共和政) 그리고 무정부(無政府) 이 세

가지 중 하나의 형태로 나타낸다.

군주정이 탄생하는 원인은 인민이나 귀족 중 누군가가 절호의 기회를 잡아 수립된다. 왜냐하면 귀족은 인민의 압력을 감당할 수 없는 것이 분명할 때 그들 중 한 사람을 지원하고 추대하여 그를 군주로 추대한다. 그의 배후에서 자신의 욕망을 충족시키도록 하는 것이다. 또 인민이 귀족에게 대항할 수 없음을 알게 되면 한 사람의 인기를 끌어올려 그를 군주로 만들고 그의 권위로써 자신을 보호하려고 한다. 그런데 귀족의 지지를 받고 군주가 된 자는 인민의 지지를 받고 군주가 된 자보다 지위를 유지하는데 더 많은 난관에 부딪친다. 왜냐하면 전자의 경우, 자신을 군주와 대등하다고 생각하는 많은 자들에 의해 둘러싸이게 되니까 그는 자신이 원하는 대로 명령을 내리거나 지배할 수가 없다. 반면에 인민의 지지를 받고 군주가 된 자는 자유로우며 그에게 복종하지 않는 사람은 전혀 없거나 소수에 불과하다. 게다가 아무리 공평하게 행동해도 타인에게 상처를 입히지 않고 귀족을 만족시킬 수 있는 방법은 없지만, 인민을 만족시키는 데는 타인에게 상처 주는 행위가 필요 없다. 왜냐하면 평민의 목적은 귀족의 그것보다 공정하고, 귀족은 억압을 가하려고 하는데 반해 인민은 억압을 받지 않으려고 하기 때문이다.

또 인민의 수는 압도적으로 많아서 이를 적으로 돌리면 군주는 안심할 수 없다. 반면에 귀족의 숫자는 적고 적으로 돌려도 안전을 유지할 수 있다. 군주가 인민을 적으로 돌리는 경우에 발생할 최악의 사태는 인민에게 버림받는 것이다. 하지만 귀족을 적으로 돌릴 경우엔 버림받는 것뿐만 아니라 반격해 올 것을 우려해야만 한다. 왜냐하면 귀족은 선견지명이 있고 교활하게 음모를 꾸밀 수 있어서 승산이 높은 자의 비위를 맞추려고 하기 때문이다. 그래서 군주는 늘 인민과 함께 살아야 하지만 늘 같은 귀족은 없더라도 문제 없다. 사실 군주는 마음대로 귀족에게 권위를 줄 수도 있고 빼앗을 수도 있다.

이 점을 분명히 하기 위해 다음 두 가지 방법으로 귀족을 고려해 봐야 한다. 즉 그들을 지배하는데 그들이 당신[군주]의 운명에 자신을 결부시키고 있는가, 그렇지 않은가이다. 잘 복종하고 탐욕을 부리지 않는 자에겐 명예를 선사하고 존중해줘야 한다. 그렇지 않은 자는 두 가지 부류가 있다. 소심하고 본래 용기가 부족한 자의 경우 박식한 지식이 있다면 최대한 활용해야 한다. 왜냐하면 순조로운 시기엔 그들이 당신을 명예롭게 하고 역경의 시기엔 그들을 걱정할 필요가 없기 때문이다. 하지만 고의로 야심을 감추고 복종하지 않는 자는 당신보다 자기 이익만을 생각한다는 증거이다. 군주는 이런 자를 당연히 조심해야 하고 잠재적인 적으로 인식하여 두려움을 가져야 한다. 군주가 역경에 처하면 그들은 군주를 파멸시키기 위해 힘을 쓸 것이다.

인민의 호의로 군주가 된 자는 그들과 우호관계를 유지해야 한다. 인민이란 단지 억압 당하지 않는 것만 바랄 뿐이므로 어렵지 않게 유지할 수 있다. 그러나 인민들의 뜻에 반하여 귀족들의 호의로 군주가 된 사람은 무엇보다 인민의 호의를 얻기 위해 노력해야 한다. 이것은 인민을 보호해 주기만 하면 쉽게 이룰 수 있다. 사람이란 자신에게 해를 끼칠 것이라고 생각했던 자에게 은혜를 입으면 은혜를 갚아야겠다는 생각이 더욱 커지는 법이다. 그래서 자기들의 호의를 입어 군주가 된 자보다 그에게 더 큰 호의를 품게 된다. 군주가 인민의 지지를 획득하는 방법은 많이 있지만, 그것은 인민의 상황에 따라서 다양하므로 특정한 원칙을 말할 수가 없다. 그래서 여기서는 생략하겠다.

결론적으로 단 한 가지 언급할 것은 어떠한 군주도 인민을 우군으로 만드는 것이 필요하며, 그렇게 하지 못하면 역경에 처할 때 속수무책으로 해볼 방법이 없게 된다. 스파르타의 군주 나비스(재위 BC 205~192)는 그리스의 여러 세력은 물론이고 무적을 자랑하는 로마군의 포위 공격에도 잘 견디어 조국과 자신의 권력을 지켜냈다. 그리고 위기가 엄습해도 단지 소수와 대적하는 것만으로도 충분했다.(Livius의 기록에 따르면 나비스는 약 80명의 젊은 귀족을 처형했다). 만일 그가 인민을 적으로 돌렸다면 그걸로는 충분하지 않았을 것이다. '인민을 근거로 서 있는 자는 진흙 위에 서 있는 것과 같다'라는 진부한 격언을 꺼내어 나의 주장에 반론을 하면 안 된다. 이 격언이 합당한 경우는 인민의 지지를 받아 권력을 얻은 일개 시민이 귀족과 관리들에게 위태롭게 공격을 당하는 상황에서 인민들이 자기를 구원해주러 올 것이라고 믿고 있을 때가 해당될 것이다. 이런 경우의 사례는 로마의 그라쿠스 형제나 피렌체의 조르조 스칼리인데, 대개 자기 믿음에 배신을 당하게 될 것이다. 하지만 그 위에 근거를 둔 자가 명령을 내리는 군주라면, 그리고 역경 속에서도 굴하지 않고 다른 준비에 대해서도 게을리 하지 않으며, 용기를 가지고 인민의 사기를 돌볼 줄 아는 군주라면 인민들에게 배신당하는 일은 결코 없을 것이며,

자신의 권력 기반이 반석 위에 서 있음을 느낄 것이다.

시민에 의한 공화국을 폐하고 절대권력을 휘두르는 군주국으로 바꾸려고 할 때는 대개 커다란 위험이 가로놓인다. 왜냐하면 이러한 시민형 군주는 스스로 명령을 내리든가 아니면 관리를 통해서 통치하기 때문이다. 후자의 경우 그의 지위는, 관리로 뽑힌 시민들의 의지에 의존하게 되므로 더욱 약화되고 위험에 노출될 것이다. 국가가 위기에 처하면 군주에 대하여 반항하거나 불복종하여 아주 손쉽게 군주의 권력을 탈취할 수 있다. 그리고 위기상황에 처하면 군주는 절대적 권위를 발휘할 수가 없게 된다. 왜냐하면 관리들에게 계속 지배받는 일에 익숙한 시민이나 신민들이 위기상황에서 군주에게 복종하지 않으며, 불안정한 시기에 군주가 신뢰할 수 있는 사람은 극히 부족한 법이다.

그래서 이러한 군주는, 평온한 시기에 시민들이 군주를 필요로 하던 상황에 근거하여 사람을 신뢰할 수가 없다. 왜냐하면 평온한 시기에는 사람들이 군주에게 몰려오고, 충성을 약속하며 군주를 위해 목숨을 바치겠다고 말하지만 그것은 죽을 위험이 거의 없는 평온한 시기이기 때문이다. 그런데 막상 위기 상황이 되어 시민들이 필요할 때에는 군주 곁에 소수의 사람밖에 남지 않게 된다. 그런 상황은 처음이자 마지막으로 한 번밖에 찾아오지 않으므로 더욱이나 위험하다. 그래서 현명한 군주는 어떠한 시기에도 시민들이 항상 군주의 통치력이 필요하다고 생각하게끔 묘책을 생각해 두어야 한다. 그러면 그들은 군주에게 항상 충성을 보일 것이다.

어느 도시에나 두 계층이 있는데 인민은 귀족에게 명령 받거나 억압받기를 싫어하고, 귀족은 인민에게 명령을 하거나 억압하고 싶어 한다.

귀족의 지지를 받고 군주가 되면 인민의 지지를 받고 군주가 된 경우보다 지위를 유지하는데 더 많은 난관에 부딪친다. 왜냐하면 자신을 군주와 대등하다고 생각하는 사람들에 의해 둘러싸이게 되어 자신이 원하는 대로 명령을 내리거나 지배할 수가 없다. 반면에 인민의 지지를 받고 군주가 된 사람은 자유로우며, 그에게 복종하지 않는 사람은 전혀 없거나 소수에 불과하다.

인민을 적으로 돌리면 그가 위기에 처했을 때 인민에게 버림받아 지위를 유지할 수 없다. 귀족을 적으로 돌릴 경우엔 버림받는 것을 두려워할 것이 아니라 음모를 꾸며서 반격해 올 것을 우려해야 한다.

귀족을 지배하는데 그들이 군주의 운명에 자신을 결부시키고 있는가, 그렇지 않은가 이다. 잘 복종하고 야심이 없는 자에겐 명예를 선사하고 존중해줘야 한다.

그렇지 않은 자는 두 가지 부류가 있다. 소심하고 용기가 부족한 자에게 박식한 지식이 있다면 최대한 활용해야 한다. 왜냐하면 순조로운 시기엔 그들이 당신을 명예롭게 하고 역경의 시기엔 그들을 걱정할 필요가 없기 때문이다.

하지만 야심을 감추고 복종하지 않는 자는 당신보다 자기 이익만을 추구하려는 기회주의자다. 군주는 이런 자를 당연히 경계해야 하고 잠재적인 적으로 인식해야 한다. 군주가 역경에 처하면 그들은 군주를 파멸시키기 위해 힘을 쓸 것이다.

인민의 지지로 군주가 된 자는 그들과 우호관계를 유지해야 한다. 인민은 단지 귀족의 횡포로부터 억압당하지 않는 것만 바랄 뿐이므로 보호해 주기만 하면 쉽게 이룰 수 있다. 사람이란 자신에게 해를 끼칠 것이라고 생각했던 자에게 혜택을 입으면 더욱더 고마움을 느끼기 마련이다.

평온한 시기에는 사람들이 군주에게 몰려들며, 충성을 약속하며 군주를 위해 목숨을 바치겠다고 맹세하지만, 막상 위기 상황이 되어 그들이 필요할 때는 군주의 곁에 소수의 사람밖에 남지 않게 된다. 그래서 현명한 군주는 어떠한 경우에도 믿고 따르고 충성을 바칠 수 있는 사람들을 확보해야 한다.

제10장
군주국의 국력은 어떻게 측정할 수 있는가

이러한 군주국의 성격을 검토할 때 한 가지 고려해야 할 점이 있다. 즉 '필요한 경우(위기 상황)에 군주가 자력만으로 충분히 방어할 수 있는 국가인가, 아니면 외부의 힘을 빌려야 하는가'이다. 그리고 이 점을 명확하게 하기 위해서 언급하자면, 내 판단으로는 자력으로 방어할 수 있는 자는 풍부한 인적 자원과 자금을 가지고 병력을 동원하여 공격해 오는 상대가 누구든 간에 전투를 수행할 수 있는 자를 말한다. 반면에 타인의 도움을 필요로 하는 자는 전장(戰場)에서 적과 대결할 수 없어 성벽 안으로 피신하여 방어에 급급한 자를 말한다. 첫째 경우는 앞에서(제6장) 이미 논했고 앞으로도 필요하면 더 언급하게 될 것이다. 둘째 경우는 그러한 군주에게 조언하고 싶은 것은, 오로지 성내의 방어를 강화시키고 물자를 비축해 두되 성밖의 영토에는 신경 쓰지 말라는 것이다. 성안의 방어를 튼튼히 하고 신민을 앞에서(제9장) 말한 것처럼 또는 앞으로 논의할 방법(제15장-제19장)으로 다루고 조치해 놓는다면, 외부의 적은 누구라도 그곳을 공격하는데 신중해지지 않을 수 없게 된다. 왜냐하면 인간이란 쉽지 않은 고난이 예상되는 시도에 대해 반대하게 마련이기 때문이다. 견고한 방어를 갖추고 인민들의 미움을 받지 않는 군주를 공략하기란 정말 만만치 않은 일이다.

독일의 도시(국가)들은 아주 자유롭고 주변 농촌에 영지를 갖고 있지 않으며 원할 때만 황제에게 복종할 뿐인데, 황제나 다른 주변의 권력자를 두려워하지 않는다. 왜냐하면 이들 도시의 방어태세는 아주 견고하게 준비되어 이들을 공략하기는 대단히 어려운 일이라고 누구나 알 수 있기 때문이다. 구체적으로 말하자면 그 도시들은 면밀하게 쌓은 성벽과 해자(垓子)와 수로가 둘러싸고 있고 대포도 충분히 갖추었으며 공공 창고엔 1년치 식료품과 음료, 연료가 항시 비축되어 있다. 그리고 평민들에겐 식량이 떨어지지 않도록, 게다가 공공재원을 소비하지 않고도 1년간은 평민에게 일거리가 주어지는데 그런 직업활동이 도시의 활력의 원천이다. 그뿐 아니라 군사훈련을 존중하여 그에 관련된 여러 가지 규칙이 있고 그 실천을 독려하고 있다.

따라서 이렇게 방어 태세가 튼튼하고 질서가 잡힌 도시를 가지고 있으면서 인민에게 미움 받지 않는 군주는 침략 받는 일이 없다. 설사 누군가 침략을 시도한다 해도 불명예스러운 결과로 퇴각하게 될 것이다. 왜냐하면 세상의 모습(사람의 마음과 같이)은 변하기 쉬운 것이어서 군 병력을 거느리고 1년간이나 포위망을 유지한다는 것은 국가의 많은 일을 처리하는 군주로서 도저히 상상도 할 수 없는 일이기 때문이다. 그래도 누군가 반론을 꺼낼 지도 모르겠다. 즉, 혹시 백성들이 성벽 밖에서 자기 집과 재산이 불타는 것을 본다면 견딜 수 있겠는가? 또 장기화 되면 이기심이 발동하게 되어 군주에 대한 충성심을 잊어버리게 될 것이라고 주장할지도 모른다. 하지만 나의 대답은 이렇다. 신중하고 용기 있는 군주라면 그런 시련을 극복해낼 수 있을것이다. 재난이 오래 지속되지 않을 것이라는 희망을 신하들에게 역설하고, 적의 잔혹함에 대한 경각심을 일깨우고 또는 도를 넘는 대담성을 가진 신하를 교묘하게 물리침으로써 위기를 극복할 수 있다.

그것 말고도 적이 공격해올 때 당연히 성밖에 불을 지르고 약탈하겠지만 이때는 전란 초기라서 백성들의 사기가 충천하고 방어 의지가 탄탄하다. 그리고 며칠 지나가면 사람들 마음은 냉정을 되찾게 될 것이다. 재난은 이미 발생했고 괴로움이 크지만 어떻게 해볼 방법이 없다. 그래서 그들의 마음은 군주와 공동운명체로 일체화가 된다. 자기들 집이 불타고 재산이 파괴되었지만 군주를 지키기 위해서 희생된 것이고 따라서 군주가 자기들에게 신세를 졌다고 생각한다. 인간의 본성이란 자기가 받은 은혜와 마찬가지로 자기가 베푼 은혜에 대해서도 유대가 강해지는 법이다. 따라서 이런 모든 것을 고려해볼 때, 현명한 군주는 침략을 받을 때 식량과 방어 수단을 갖추고 있다면 포위공격을 받기 이전이나 이후나 인민들의 민심을 장악하기는 어렵지 않다.

❖ 핵심 정리 ❖

전장(戰場)에서 적과 맞설 수 없어 성벽 안으로 피신하여 오로지 성내의 방어를 강화시키고 물자를 비축해 두되 성 밖의 영토에는 신경 쓰지 않으며 견고한 방어를 갖추고 인민들의 민심을 잃지 않는 군주를 공략하기란 정말 만만치 않은 일이다.

장기화 된 고난과 적으로부터 많은 피해를 보았다고 해도 신중하고 용감한 군주라면 그런 시련을 극복해낼 수 있을 것이다. 재난이 오래 지속되지 않을 것이라는 확신을 심어주고, 적의 잔혹함에 대한 경각심을 일깨우고 두려움을 부추킨다.

사람들은 집이 불타고 재산이 파괴되었지만 군주를 지키기 위해서 희생된 것이고 따라서 군주가 자기들에게 신세를 졌다고 생각한다. 인간의 본성이란 자기가 받은 은혜와 마찬가지로 자기가 베푼 은혜에 대해서도 유대가 강해지는 법이다.

제11장

교회 군주국

이제 교회 군주국을 논하는 것만 남았다. 교회의 지배권을 둘러싼 시련은 교회국가를 소유하기 이전에 발생한다. 왜냐하면 이것의 획득은 역량이나 행운을 통해 이루어지는데 이것을 유지하는 데는 두 가지 중 아무것도 필요가 없기 때문이다. 이 지배권은 종교적인 오래된 제도에 의해 지탱되는데 이제도가 매우 강력하고 특수한 효력을 갖고 있어서, 지배자가 어떻게 처신하든 그의 지위는 안전하다. 이런 유형은 군주만이 방어할 필요가 없는 영토를 가지며 통치할 필요가 없는 신민을 가진다. 그 영토는 방어하지 않아도 침탈 받지 않고 그 신민은 통치 받지 않아도 이를 신경 쓰지 않으며, 군주에게 반기를 들려고 하지도 않고 또 그렇게 할 수도 없다. 그래서 이러한 군주국이야말로 안전하고 축복을 받은 것이다.

하지만 이러한 군주국은 인간의 지혜로는 미치지 않는 초월적이며 숭고한 요인에 의해 유지되고 있으므로 더 이상 논하지 않기로 한다. 이 군주국은 신에 의해 세워지고 수호되고 있으므로 이를 논하는 것은 분별없는 인간의 건방진 태도가 될 것이다. 그런데 알렉산데르 이전에는 이탈리아의 제후들이나 심지어 이름 없는 귀족들조차 교황의 세속권력을 우습게 여겼는데 지금은 프랑스 왕조차 두려워하며, 또 프랑스 왕을 이탈리아에서 몰아내고 베네치아 공화국을 박살낼 수 있을 정도로 교황의 권세가 강대해진 이유가 무엇이냐고 묻는 이도 있을 것이다. 이 사건은 다들 알고 있는 사실이지만 다시 거론한다고 잘못된 것은 아니다.

프랑스 왕 샤를이 이탈리아를 침략하기 이전에 이 나라는 교황, 베네치아 공화국, 나폴리 왕국, 밀라노 공국과 피렌체 공화국이 지배하고 있었고, 이 지배자들은 주로 두 가지 걱정이 있었다. 첫째는 외국 세력이 군대를 이끌고 이탈리아를 침공하지 않을까 하는 점이고, 둘째는 이탈리아 내 어떤 나라가 영토를 더욱 확장시키려고 하지 않을까 하는 것이었다. 이런 점에서 각 군주들이 가장 우려한 것은 교황과 베네치아 공화국이었다. 그리고 베네치아를 견제하기 위해 나머지 군주들은 페라라를 방어할 때처럼 모두 동맹을 맺었고 교황의 힘을 견제하기 위해서는 로마의 귀족들이 이용되었다. 이 귀족들은 오르시니와 콜론나라는 양대 파벌로 나뉘어 대립하며 끊임없이 분쟁을 만들었으며, 심지어 교황의 면전에서도 무기를 꺼내어 싸우는 등 교황의 권위를 추락시키고 무력하게 만들었다. 때로는 식스투스 4세와 같은 대담한 교황이 즉위하기도 했지만 시기적 운이나 그의 역량이 이런 시련을 극복하기엔 역부족이었다. 그 원인에는 교황의 짧은 재위기간 때문이기도 했다. 대부분 교황의 재위기간은 평균적으로 10년 정도였는데 그 기간에 양대 파벌 중 하나를 제거하기는 무리였다. 예를 들면 어떤 교황(오르시니 파)이 콜론나 파를 궤멸 직전까지 몰고 가고 다음엔 오르시니 파에 적대적인 콜론나 파에서 교황이 나와 콜론나 파를 부활시키게 된다. 그렇다고 그 교황도 오르시니 파를 완벽하게 쓰러뜨릴 여유는 없다. 그래서 이탈리아에서 교황의 세속적 권력은 존중되지 못하였다.

그런데 알렉산데르 6세가 등장하여 재력과 무력을 이용하여 얼마나 권력을 휘두를 수 있는지를 역대 어느 교황보다 선명하게 보여주었다. 그는 발렌티노 공작을 앞세워 프랑스의 침공이라는 호기를 잘 이용하여 앞에서(제7장) 논했던 공작의 모든 업적을 성취한 것이다. 알렉산데르의 본심은 로마 교회보다도 아들의 세력 확장에 있었다. 하지만 이 교황의 행적이 로마 교회의 융성을 가져왔다. 교황이 타계하고 공작이 사망하자 로마 교회는 이 교황의 노력의 결실을 수확하여 교황의 권력은 강화되었다.

그 다음 율리우스 교황이 선출되었는데 이미 로마냐 전역이 그의 수중에 들어갔고 로마의 귀족은 무력화되었으며, 알렉산드르의 강경한 정책으로 양대 파벌도 무너져 있었다. 게다가 율리우스 교황에겐 이전엔 없었던 새로운 축재의 수단(종교개혁의 원인이 된 성직 매매)이 생겨났다. 율리우스는 전임자의 행적을 따르기만 한 것이 아니라 영향력을 더욱 확대해 나갔다. 그는 볼로냐를 손에 넣고 베네치아를 무찌르고 이탈리아에서 프랑스군을 몰아내기 위해 노력했고 또 성공을 거두었다. 게다가 율리우스는 무엇보다도 자기 개인을 위해서가 아니라 로마 교회의 세력확장을 위해서 모든 일을 이루어냈기 때문에 찬사를 받을 만하다. 그는 또 양대 파벌을 약화시킨 채로 유지시켰다. 그 파벌 안에 반란을 꿈꾸는 지도자도 없지는 않았지만 그들의 움직임을 견제하는 요인이 두 가지 있었다. 첫째는 교황의 권력이 대단히 막강해져서 그들을 압도했고, 둘째는 파벌의 분쟁을 이끌 수 있는 추기경이 나오지 않았다는 것이다. 왜냐하면 그러한 추기경들이 있으면 분쟁을 조장하였기 때문이다. 그들은 로마 내외에서 각자의 파를 일으켜 세워 귀족들은 둘 중 하나를 지지하지 않을 수 없었다. 그래서 고위 성직자(추기경)들의 야심 때문에 귀족들 사이엔 분쟁과 소란이 일어났던 것이다.

그 뒤에 등극한 교황 레오 10세 성하(1475~1521 르네상스 운동을 피렌체에서 로마로 이동시키고 면죄부를 팔아 종교개혁을 초래함)가 현재와 같은 대단히 강대한 교황권을 갖게 된 것은 이와 같은 사정이 있었다. 지금까지의 교황은 무력으로 이 나라를 번영시켰지만 레오 성하는 성실성과 타고난 덕성으로 국가를 번영으로 이끌고 존경 받으시기를 기원한다.

　교회의 지배권은 종교적인 제도에 의해 지탱되는 데 이 제도가 매우 강력하고 특수한 효력을 갖고 있어서, 지배자가 어떻게 처신하든 그의 지위는 안전하다. 이런 유형은 군주는 국가를 소유하고 있으나 방어할 필요가 없는 영토를 가지며 통치할 필요가 없는 국민을 가진다. 그 영토는 방어하지 않아도 침탈 받지 않고 그 국민은 통치 받지 않아도 이를 신경 쓰지 않으며, 군주에게 반기를 들려고 하지도 않고 또 그렇게 할 수도 없다.

제12장

군대의 종류와 용병에 관하여

이 책의 앞부분에서 언급했듯이 군주국의 종류와 특징을
남김없이 설명했고 또 그들 체제의 장단점, 번성과 쇠퇴의 원
인도 상당 부분 고찰했다. 게다가 이들 나라를 정복하고 유
지하려고 할 때 많은 군주가 취한 방법에 관해서도 밝혀 놓았
다. 그래서 이제 남은 것은 앞에서 언급한 나라들이 취할 수
있는 공격과 방어에 관해서 일반적으로 논하는 것이다. 군주
에게 있어서 튼튼한 토대의 중요성은 이미 앞에서(제8장) 언
급한 사항이다. 그것이 없다면 필연적으로 파멸의 길을 가게
된다. 그러면 세습 군주국이나 복합 군주국이나 신생 군주국
을 포함하여 한 나라의 중요한 토대가 되는 것은 좋은 법과

제도와 확고한 무력(군대)이다. 확고한 군대를 갖고 있지 않으면 좋은 법률을 만들기 어렵다. 확고한 군대가 있고 나서야 좋은 법률이 성립한다. 그래서 법률을 논하기를 생략하고 군대 문제로 들어가겠다.

국가를 지키는 군대로는 자국군, 용병군, 외국의 지원군 또는 이들이 혼합된 혼성군이 있다. 용병과 지원군은 도움이 되지 않을 뿐더러 위험하다. 어떤 군주가 용병군 위에 국가의 근거를 올려놓는다면 장래의 안정은커녕 유지도 위태로워진다. 왜냐하면 용병은 통제가 안되고, 야심적이고, 규율이 서지 않아 충성심이 결여되어 있다. 동료와 있을 때는 용맹스럽게 보이지만 적과 대적하게 되면 겁쟁이가 된다. 신에 대한 외경심도 없고 사람에게 의리도 없다. 그러니까 적의 침공이 아직 시작되지 않는 동안은 국가의 파멸이 연기되고 있는 것에 불과하다. 따라서 당신은 평화시엔 그들 용병에게, 전시에는 적군에게 약점을 노출하게 된다. 이유는 이렇다. 용병이 전쟁터에 나가는 것은 보잘것없는 보수 때문이고 달리 아무런 동기도 애정도 없다. 더구나 그 보수는 당신을 위해 충성을 다해 목숨을 버릴 정도의 대가가 되지 못한다. 그들은 당신이 전쟁을 하지 않는 동안에는 당신에게 봉사하는 군인 노릇을 하지만 전쟁이 시작되면 도망칠까 사라져버릴까 둘 중 하나를 택한다.

이런 점은 힘주어 역설하지 않아도 알 것이다. 오늘날 이탈리아의 몰락은 오랜 동안 용병에게 의존했기 때문이다. 물론 용병 중에는 상당한 성과를 거두고 용맹을 떨친 경우도 있었다. 하지만 외국군이 침입해오자 그들의 진면목이 드러나고 말았다. 그래서 프랑스 왕 샤를은 이탈리아를 분필 한 자루로 점령할 수 있었다(1494년 샤를 8세의 이탈리아 침공을 속칭 분필전쟁이라고 한다. 프랑스 장교는 병사들이 잠잘 민가에 분필로 표시를 하여 아무런 저항도 받지 않고 점령할 수가 있었다). 그 원인에 관해서 어떤 사람(사보나롤라는 1494년 연설에서 이탈리아는 퇴폐 죄악으로 징벌을 받을 것이라고 예언함)은 우리 이탈리아인이 잘못했다고 한 것은 진실을 말한 셈이다. 하지만 원인은 그가 믿은 죄악이 아니라 내가 논한 죄악에 있었다. 즉 죄악은 군주에게 있었으므로 처벌을 받은 것도 군주였다. 나는 이런 유의 군대가 가진 결함을 더 뚜렷하게 보여주고 싶다. 용병대장 중에는 군사적으로 탁월한 인물도 있는가 하면 그렇지 못한 사람도 있다. 가령 유능한 인물이라면 지도자는 그를 신뢰할 수가 없다. 왜냐하면 그들은 고용주인 당신을 압박하거나 당신의 뜻에 반하여 다른 세력까지 제압하여 자신의 영달만을 추구하기 때문이다. 그렇다고 무능한 자를 고용하면 물론 당신의 파멸은 당연히 찾아오게 된다.

그런데 혹자는 용병이 아니라도 병력을 자기 마음대로 부릴 수 있으면 그렇게 행동하지 않겠느냐고 반론하는 분도 있을 것이다. 그에 대한 내 대답은 군주 또는 공화국이 어떤 군대를 사용해야 하는지 설명해 보겠다. 군주라면 스스로 사령관으로서 임무를 맡고 야전에 나가야 한다. 공화국이라면 시민을 장군으로 파견해야 한다. 또 파견된 장군이 유능하지 못하다고 밝혀지면 교체해야 한다. 반대로 유능한 경우엔 목적에서 이탈하지 못하도록 법률로 통제해야 한다. 내 경험에 의하면 군주가 자기 군대를 거느리고, 공화국이 자기의 무기를 갖출 경우에는 크게 성공을 거둘 수 있지만 용병은 손해 이외의 어떤 것도 가져다 주지 못한다. 그리고 공화국에서 자기 군대를 갖춘 경우에는 외인부대에 의존하는 경우보다 일개 시민에 의한 권력탈취 행위가 일어날 위험성이 훨씬 적다.

로마와 스파르타는 수백 년에 걸쳐 군대를 정비하고 독립을 지켜왔다. 스위스는 강한 병력을 가지고 완전한 독립을 유지하고 있다. 고대에 용병 군대를 활용한 사례로는 카르타고

를 들 수 있다. 카르타고의 용병대장은 카르타고인 이었음에
도 불구하고 로마와의 1차전쟁(포에니 전쟁)이 끝나고 용병들
의 반란으로 본국이 정복당할 뻔했다. 마케도니아의 필리포
스(재위 BC 359~336 알렉산드로스 대왕의 부친 필리포스 2세)는 에
파미논다스 왕의 사망(BC 362년) 후 테베인들의 추대를 받아
장군의 자리에 올랐다. 전쟁을 승리로 이끈 후 그는 테베인에
게서 자유를 빼앗았다. 그리고 밀라노 시민들은 필리포 공작
이 사망(1447년)한 후 프란체스코 스포르차를 장군으로 고용
하여 베네치아 공화국을 공략하도록 시켰다. 하지만 이 사내
는 카라바죠(Caravaggio)에서 적군을 격파하긴 했으나 곧바로
적국 베네치아와 손을 잡고 고용주인 밀라노 시민들을 제압
했다. 스포르차 가문에서 그의 부친도 나폴리 왕국의 조반나
여왕에게 용병대장으로 발탁되었지만 돌연 여왕을 배신하고
무방비 상태인 나폴리를 공격했다. 그래서 여왕은 왕국을 지
키기 위해 아라곤의 왕에게 자기 몸을 맡겨야 했다.

과거에 베네치아나 피렌체가 용병을 고용하여 영토 확장
에 성공한 사례는 있다. 그때 용병대장들은 군주 자리를 넘
보지 않고 지켜준 바가 있다. 이 점에 대한 내 의견은 이렇
다. 피렌체의 경우는 그저 큰 행운을 얻은 것이다. 왜냐하면

위협이 될만한 능력이 뛰어난 용병대장들이 있긴 했지만, 승리를 거두지 못한 자나 앙숙 동료를 가진 자, 야심을 다른 곳으로 돌린 자 등이 있었다. 승리를 거두지 못한 존 호크우드(1320~1394, 1360년에 용병부대를 거느리고 이탈리아에 진출한 영국 기사)는 이기지 못했기 때문에 충성심을 확인할 수 없다. 하지만 만일 그가 승리를 거두었다면 피렌체 시민들은 그의 수중에 들어갔을 것이라고 누구나 인정하는 바이다. 그리고 스포르차 가문은 브라체시 가문과 항상 갈등관계에 있었는데 서로 견제하고 있었다. 프란체스코(스포르차 가문)는 롬바르디아 지방에 야심을 품었고 브라체시는 로마교황령과 나폴리 왕국에 적대적이었다.

또 하나 근자에 일어난 사건을 거론해 보겠다. 피렌체 공화국은 일개 시민에서 몸을 일으켜 대단한 명성을 얻은 파올로 비텔리라는 현명한 인물을 용병대장으로 고용했다. 가령 그가 피사를 함락시켰다면 피렌체는 그와의 고용 계약을 유지할 수밖에 없었을 것이다. 이 점은 누구도 반론을 제기할 수 없다. 왜냐하면 만일 그가 적국의 용병대장이 되어 버리면 피렌체인들은 방어 수단이 없었을 테니까. 그렇다고 그를 계속 고용했다면 그가 피렌체인들 위에 군림하게 되었을 것이다.

그런데 베네치아라는 나라의 발전을 돌이켜보면, 외부 국가에 대해 자력으로 전쟁을 일으켰을 때(베네치아는 14세기 후반부터 15세기에 영토확장에 힘을 기울였다)는 대단한 성과를 올렸다. 그러니까 이탈리아 본토에서 전쟁을 하기 전에는 스스로 무장한 귀족과 평민이 대단히 용맹스럽게 전투에 임했다. 하지만 이탈리아 본토에서 전쟁이 벌어지자 용맹스러운 미덕은 사라지고 이탈리아의 전쟁 관습(용병을 사용하는 관례)을 따르게 되었다. 그들이 내륙으로의 세력 확장 초기에는 그다지 영토를 넓히지 못했고 국가의 위신도 높았으므로 용병대장을 우려할 필요가 없었다. 그런데 카르마뇰라(1380~1432 처음엔 밀라노의 용병대장이었으나, 후에 관계를 끊고 베네치아의 용병대장이 되어 예전 주군을 격파했다)의 지휘 하에 영토를 확장하게 되면서 그들의 정책 실수를 확실히 알게 되었다. 왜냐하면 베네치아 시민은 그의 지휘로 밀라노 공을 격파했기 때문에 그의 뛰어난 능력을 인정했지만, 그 반면 그가 의도적으로 전쟁에 소극적으로 임한다는 것을 알게 되었다. 그래서 그를 계속 기용해서는 앞으로 승산이 없다고 판단하였다. 하지만 그 시점에서 그를 해고하면 병합시킨 영토를 상실할 우려가 있어서 그렇게도 할 수도 없었다. 나중에 베네치아인들은 자국의 안전을 위하여 어쩔 수 없이 그를 처형하고 말았다.

그 후 베네치아인들은 바르톨로메오 다 베르가모, 로베르토 다 산 세베리노, 피티글리아노 백작 등을 차례로 용병대장으로 받아들였다. 하지만 이들에 대해 베네치아인들이 걱정한 것은 승리 후 찾아올 위험이 아니라 패전이었다. 사실 이들 장군들 지휘하에서는 영토 확장은커녕 상실을 걱정하게 되었다. 나중에 바일라에서 일어난 전투인데, 8백년을 걸려 악전고투하며 힘겹게 점령한 땅을 단 하루 만에 놀랍고 어이없게 상실하고 말았다. 요컨대 용병을 사용하는 것은 느리고 완만한 보잘것없는 수확이 있는 반면에 그 상실은 순식간에 일어나고 만다.

내가 이탈리아에서 있었던 이런 사례를 언급한 것은 오랜 세월 동안 이 땅이 용병들에게 지배당해왔기 때문이고 나로서는 용병의 기원과 발전을 심도 있게 조망하고, 그 문제점을 개선할 수 있도록 논하고 싶다. 우선 일러두고 싶은 것은 근래 황제의 권력이 이탈리아에서 물러나고 교황의 권력이 회복되자 이탈리아는 여러 나라로 분열되었다. 왜냐하면 그때까지 황제의 비호를 받고 도시를 제압하고 있던 귀족들에게 대항하여 많은 유력한 도시들이 무기를 들고 봉기한 것이다. 교회 역시 세속적 권력을 강화하기 위하여 이런 도시들을 지원했다(이탈리아의 도시 국가는 교황과 신성로마제국 황제와의 항쟁 속에서 성장한 것이다). 다른 많은 도시에서도 시민들이 군주의 지위에 오르게 되었다. 이탈리아는 이렇게 해서 교황과 여러 공화국의 수중에 들어갔다. 그런데 원래 무기를 다루어본 적이 없는 성직자나 시민들은 외국 용병을 고용하게 되었다. 그리고 용병 중에서 명성을 날린 첫 인물은 로마냐의 알베리코 디 코니오(1344~1409 이탈리아에서 첫 용병집단을 조직함)였다. 그에게 군사훈련을 받고 출세한 사람이 다름 아닌 브라초와 스포르차였다. 이 두 사람은 당시 이탈리아를 지배할만큼 쌍벽을 이루었다. 두 사람 이후에도 수많은 인물들이 배출되어 현재까지 용병부대를 지휘해오고 있다. 그리고 그들이 거둔 혁혁한 무훈 덕분에 이탈리아는 샤를 왕에게 점령당하고 루이 왕에게 약탈당하고, 페르난도 왕에게 유린당하고, 스위스 군대에게도 수모를 당했다.

그들 용병대장이 취한 방식은 첫째 자신들의 명성을 높이고자 먼저 보병부대에게서 명성을 빼앗는 것이다. 그런 방식을 취한 이유는 그들이 영토가 없고, 군생활에 생계가 걸려있으며, 소수의 보병을 사용해서는 명성을 올릴 수 없었고 또한 많은 보병을 먹여 살리기는 어렵다. 그래서 용병대장이 감당할 수 있는 적정한 범위에서 기병대를 운영했다. 기병은 소수로도 명성을 떨칠 수 있었다. 그래서 2만명의 병력 중에서 보병은 불과 2천명 이하로 축소시켰다. 게다가 그들은 자신들과 병사들에게 고난과 공포심을 없애기 위해 온갖 노력을 했다. 전투 상황에서도 적을 죽이지 않고 포로로 잡았는데 몸값을 요구하지도 않고 풀어주었다. 야간에 성곽을 기습하려고 하지도 않았다. 성곽을 방어하는 측에서도 적의 야영지를 기습하지 않는다. 야영지 주변에는 방책(防柵)이나 해자를 파지 않았으며 겨울에는 전투를 하지 않았다. 이런 모든 방식이 그들의 전투 규칙으로 채택되어, 고통과 위험을 피하기 위한 수단으로 삼았다. 그들의 이러한 활약으로 이탈리아는 예속과 굴욕의 땅으로 전락해 버렸다.

　한 나라의 중요한 토대가 되는 것은 좋은 법과 확고한 무력(군대)이다. 강력한 군대가 없으면 좋은 법률을 만들기 어렵다. 강력한 군대가 있고 나서야 좋은 법률이 성립한다.

　용병은 도움이 되지 않을뿐더러 위험하다. 왜냐하면 용병이란 단결심이 없고, 야심만 강하며, 규율이 서지 않아 충성심이 결여되어 있다. 동료와 있을 때는 용맹스럽게 보이지만 적과 대적하게 되면 비겁해진다. 신에 대한 외경심도 없고 사람에게 의리도 없다.
　용병이 전쟁터에 나가는 것은 보잘것없는 보수 때문이고 달리 아무런 동기도 애정도 없기 때문이다. 그들은 전쟁을 하지 않는 동안에는 봉사하는 군인 노릇을 하지만 전쟁이 시작되면 목숨부지에 연연하게 된다.

　용병대장 중에는 군사적으로 탁월한 인물도 있는가 하면 그렇지 못한 사람도 있다. 가령 유능한 인물이라면 지도자는 그를 신뢰할 수가 없다. 왜냐하면 그는 고용주를 압박하거나 당신의 뜻에 반하여 다른 세력까지 제압하여 자신의 영달만을 추구하기 때문이다. 그렇다고 무능한 자를 고용하면 파멸은 당연히 찾아오게 된다.

용병의 지휘관들은 자신의 지휘능력을 유지하고자 보병부대는 등한시하고, 작은 규모의 기병부대를 편성 운영한다. 규모가 작은 기병부대를 정예화 하여 많은 보병부대를 운영하는 것보다 소수로도 명성을 떨칠 수 있었으며 비용도 절감할 수 있고, 자신의 명성도 높일 수 있기 때문이다.

제13장
지원군, 혼성군, 자국군

또 한 가지 도움이 되지 않는 군대가 있는데 바로 외국으로부터 온 지원군이다. 이것은 당신이 외부의 유력 군주에게 도움을 요청하여 당신을 지원하고 방어해줄 목적으로 파견된 군대이다. 아주 최근에는 교황 율리우스가 페라라를 공격할 때(1510년, 제2장 뒷부분 참조) 용병부대의 어처구니 없는 실태를 보고 지원군을 요청하기로 했다. 율리우스는 스페인의 페르난도 왕에게 도와달라고 지원군을 요청했고 승낙을 얻었다. 그런데 이런 유의 군대는 그 자체로는 제 역할을 하고 나쁘지는 않지만 요청한 측에 많은 피해를 안겨준다. 그 이유는 지원군이 패배하면 당신도 함께 몰락하는 것이고 그들이 승리하면 당신은 그들의 포로와 같은 처지가 되어버린다.

그러한 예는 예로부터 무수히 많으나 교황 율리우스 2세의 사례는 절대 놓칠 수 없다고 생각한다. 왜냐하면 이 교황의 결단은 너무나 경솔하여 도저히 사리에 맞는다고 볼 수 없기 때문이다. 그는 페라라를 정벌하고 싶다는 욕심만 가득해서 모든 것을 외국 군주의 손에 넘겨줘 버렸기 때문이다. 하지만 교황에겐 의외의 행운이 작용하여 잘못된 결정이 초래할 결과를 감수하지 않아도 되었다. 이는 지원군이 라벤나에서 궤멸당했을 때 갑자기 스위스 용병들이 나타나서 그와 모든 사람들의 예상을 뒤엎고 승리에 도취한 적들을 몰아내버린 것이다. 그래서 교황은 이미 적들이 패주하여 적의 포로가 되지도 않았고 지원군과 무관한 용병들이 승리해 버렸기 때문에 지원군의 포로가 되지도 않았다.

한편 피렌체 공화국은 군대를 전혀 보유하지 않았기 때문에 피사 공략을 위해 프랑스 병력 1만 명을 불러들였다(1500년 루이 12세의 원군을 받았음). 이 결정은 결과적으로 피렌체를 역사상 최악의 난국에 빠뜨리고 말았다. 마찬가지로 콘스탄티노플의 황제(요한네스 6세)는 인접국가들에 대항하기 위하여 투르크 병력 1만 명을 그리스에 불러들였는데, 이 외국군은 전쟁이 끝나도 떠나려고 하지 않았다. 그리스가 이교도에 예속된 것은 바로 이때부터 시작된 것이다.

따라서 승리하고 싶지 않다고 생각하는 사람은 외국 지원군을 요청하는 것이 바람직하다. 외국 지원군은 용병보다도 훨씬 위험성이 크다. 지원군을 이용하면 파멸하는 것은 필연이다. 지원군 병력은 잘 단결되어 있고 본국의 군주에게 충성을 맹세하고 있다. 하지만 용병의 경우는 일치단결되어 있지 않고 당신에게 고용되어 급여를 받고 있으므로, 설사 전쟁에 이기더라도 군주를 위협하기까지는 상당한 시간이 필요하고 또 적절한 기회가 찾아오지 않으면 어렵다. 용병들 중에 당신이 임명한 누군가가 즉시 당신을 위협할 권력을 장악할 것이라고는 생각하기 어렵다. 요컨대 용병군대가 가진 가장 큰 위험성은 소극적이고 용감하지 않다는 점이다. 지원군의 위험성은 그들이 용맹을 발휘할 때이다.

그러므로 현명한 군주는 항상 이러한 군대(용병, 지원군)를 기피하고 자국 군대를 강력하게 양성해야 한다. 그리고 외국 지원군을 빌려 거둔 승리는 진정한 승리가 아니라고 생각하며, 제3자의 힘으로 이길 바에는 차라리 혼자 힘으로 패배하는 걸 택한다. 여기에서 나는 아무 주저 없이 체사레 보르자의 행적을 예로 들겠다. 공작은 프랑스 병사로만 이루어진 지원군을 이끌고 로마냐에 진출하여 이몰라와 푸를리를 점령했다. 하지만 얼마 후 그는 이 군대에 불안감을 느끼고 용병부대가 오히려 위험성이 적다고 판단하여 용병을 고용하기로 결심했다. 그래서 오르시니 파와 비텔리 파의 용병을 고용했다(비텔리는 로마냐 공략 때부터, 오르시니는 1500년 8월부터 고용함). 그런데 막상 경험해 보니 그들이 믿음직하지 않고 불성실하며 위험하다는 것을 간파하게 되었다. 그래서 그들을 해체하고 자신만의 군대를 키우기로 결심한다. 그런데 이 세 가지 군대의 차이는, 위에서 말한 체사레가 프랑스군에 의존했을 때, 오르시니와 비텔리 용병을 사용했을 때, 그리고 자신의 군대를 조직해 자립했을 때를 각각 비교해 보면 쉽게 알수 있을 것이다. 그의 명성이 최고로 치솟은 것은 자신만의 군대를 장악했을 때였다.

나는 이탈리아에서 있었던 생생한 사례만을 들고 싶었지만 앞에서(제6장) 이름을 거론한 인물 중에 시라쿠사의 히에론을 얘기해 보고 싶다. 앞서 말했듯이 히에론은 시라쿠사 민중의 추대를 받아 군사령관이 되었는데 그가 지휘할 병력이 용병이고, 우리 이탈리아 용병들과 마찬가지로 쓸모 없는 군대임을 알게 되었다. 그래서 이를 유지하기도 해고하기도 좋지 않다고 판단하여 한 명도 남김없이 처형해 버렸다. 이후 그는 타인의 병력을 사용하지 않고 자신의 군대로 싸웠다.

그리고 또 하나 논거에 부합되는 구약성경에 나오는 인물을 거론하겠다. 다윗(구약 열왕기상)이 사울 왕에게 찾아가 팔레스타인의 거인 골리앗과 싸우겠다고 얘기하자 사울 왕은 그에게 힘을 불어넣어주려고 자신의 갑옷과 투구를 입혀주었다. 다윗은 그것을 입어봤지만 자기 몸에 맞지 않아 실력을 발휘할 수 없다고 말하고 그냥 돌려주었다. 그리고 자신의 투석기와 단검으로 적과 맞섰다. 결국 타인의 무기라는 것은 몸에서 흘러내리거나 짐이 되거나 아니면 갑갑함을 참아야 되거나 그런 결과가 된다.

루이 11세의 부친 샤를 7세는 자신의 능력과 행운에 힘입어 프랑스 영토에 있던 영국군을 몰아낼 수가 있었는데, 당시 국왕은 자국군을 길러야 한다는 필요성을 절감하고 국내에 기병과 보병으로 군대를 편성했다. 하지만 그 후 루이 11세는 보병을 폐지하고 스위스 용병을 고용하기 시작했다. 이 커다란 실책은 이후 국왕들에게 계승되어 오늘날 보는 바와 같이 프랑스의 위기를 초래한 원인이 되었다. 그 이유는 보병을 완전히 폐지했기 때문에 기병이 외국 보병의 지원에 의존하게 되어 스위스 용병의 이름을 높여주고 프랑스군대의 약체화를 초래하고 말았다. 프랑스 기병은 항상 스위스 보병과 협력하여 작전을 펼치는 습관에 길들여졌고 스위스 군이 없이는 이길 수 없다고 생각하게 되었다. 그 결과 프랑스군은 홀로서기가 불가능하고 타국에 대하여 작전을 펼칠 수가 없게 되었다. 이렇게 해서 프랑스군은 일부는 용병, 일부는 자국군으로 혼성군의 형태를 갖게 되었다. 이러한 혼성군은 물론 순수한 외국 지원군이나 용병보다는 훨씬 낫지만 자국군과 비교하면 비할 바 없이 열등하다. 위에서 거론한 사례에서 충분히 알 수 있지만 만일 프랑스가 샤를 왕이 창설해 놓은 군대 조직을 그대로 유지하고 발전시켰더라면 무적의 왕국이 되었을 것이다. 그런데 사려 깊지 못한 사람은 어느 날 맛있는 것(얼핏 보면 매력적인 정책의 비유)을 보면 그 바닥에 독이 들어 있는 것도 모르고 냉큼 달려든다. 따라서 군주의 자리에 있는 자가 현실적으로 재앙이 발생할 때까지 눈치채지 못한다면 현명한 군주라고 할 수 없다. 물론 이러한 통찰력은 극소수에게만 허락된 능력이다. 여기에서 다시 로마제국의 몰락 원인을 찾는다면 그것은 고트족을 용병으로 고용하기 시작한 것이라고 할 수 있다. 이것을 계기로 로마제국의 위세가 쇠퇴하기 시작했고, 예전의 활력과 용맹성이 로마제국의 손을 떠나 고트족에게 옮겨갔다.

그래서 나의 결론은 다음과 같다. 스스로 무력을 갖추지 못하면 군주국은 안전하지 못하다. 그런 군주국은 일단 위기가 찾아오면 방어할 수 있는 확실한 수단을 마련하지 못했기 때문에 국가를 지켜나갈 힘이 없어 어떤 일이든 운명에 맡기는 수밖에 없다. "이 세상에서 자신의 무력에 근거를 두지 않은 권력자의 명성만큼 연약하고 믿음직하지 못한 것은 없다"(고대 로마의 역사가인 타키투스의 〈연대기〉에 나오는 말) 이것은 옛날 현인이 말한 잠언이다. 여기서 말한 무력이란 신민이나 시민 또는 자기 부하로 구성된 군사력이다. 그 외의 모든 것은 용병이나 지원군이다. 자신의 군대를 조직하는 것을 알고 싶으면 앞에서 거론한 네 명(체사레, 히에론, 샤를 7세, 다윗)의 군사 조직을 잘 생각해보면 된다. 또 알렉산드로스 대왕의 부친인 필리포스를 비롯하여 많은 군주나 공화국이 어떤 군사 조직을 만들었는지 잘 생각해 보면 된다. 나는 그들의 방식에 전폭적인 신뢰를 보낸다.

외부의 지원세력이 당신을 지원하고 방어해 주는 것은 좋은 일이지만 아무런 이익을 얻지 못한다. 요청한 측에 막대한 피해를 주기 때문에 위험한 존재다. 왜냐하면 지원군이 패배하면 함께 몰락하는 것이고, 그들이 승리하면 그 군주는 그들의 포로와 같은 처지가 되어버리기 때문이다.

현명한 군주는 항상 외부세력(용병, 지원군)을 기피하고 자국 군대를 강력하게 양성해야 한다. 그리고 외부의 지원세력을 빌려 거둔 승리는 진정한 승리가 아니기 때문에, 제3자의 힘으로 이길 바에야 차라리 혼자 힘으로 싸우다가 패배하는 것을 택하는 게 낫다.

군주는 현실적으로 재앙이 발생할 때까지 눈치 채지 못한다면 현명한 군주라고 할 수 없으며, 이러한 통찰력을 가진 지혜로운 지도자는 매우 드물다. 여기에서 다시 로마제국의 몰락 원인을 찾는다면 그것은 고트족을 용병으로 고용하기 시작한 것이라고 할 수 있다. 이것을 계기로 로마제국의 위세가 쇠퇴하기 시작했고, 예전의 활력과 용맹성이 로마제국의 손을 떠나 고트족에게 옮겨갔다는 사실이다.

어떤 군주국이든 스스로 무력을 갖추지 못하면 안전할 수 없다. 그런 군주국은 일단 위기가 찾아오면 방어할 수 있는 수단을 마련하지 못했기 때문에 국가를 지켜나갈 힘이 없으니 어떤 일이든 운명에 맡기는 수밖에 없다. "자신의 무력에 근거를 두지 않은 권력자의 명성만큼 연약하고 불안정한 것은 없다"(고대 로마의 역사가인 타키투스의 <연대기>에 나오는 말). 여기서 말한 무력이란 자기 부하로 구성된 군사력이다.

제14장
군사문제에 관한 군주의 책무

군주된 자는 전쟁과 군사조직·군사훈련 이외의 다른 목적을 갖거나, 다른 직무에 관심을 갖거나 몰두해서는 안 된다. 요컨대 이것만이 위정자가 본래 해야 할 유일한 직무인 것이다. 이러한 능력은 극히 중요하며 혈통으로 군주 지위를 이어받는 자가 그 지위를 유지하기 위해서뿐만 아니라, 많은 경우에 일개 시민으로부터 군주의 자리에 오르게 만들기도 한다. 반대로 군주가 군사력보다는 우아한 분야에 관심을 돌릴 때 권력을 잃게 될 것은 분명하다. 요컨대 여러분이 나라를 잃게 되는 첫번째 원인은 이 책무를 소홀히 한 것이다. 그리고 권력을 차지하게 되는 근거도 이 직무에 능통하는 길이다. 프란체스코 스포르차는 무력을 갖췄기 때문에 일개 시민에서 밀라노 공이 되었다. 또 그의 후손들(갈레아초 마리아 비스콘티, 루도비코 일 모로)은 군사적인 업무를 귀찮아 하고 기피했기 때문에 군주의 지위에서 평민으로 전락하고 말았다.

무력을 갖추지 못하면 당신에게 닥칠 폐해가 여러 가지 있는데 우선 남에게 경멸을 받게 된다. 경멸을 당한다는 것은 나중에도(제15장, 제19장) 언급하겠지만 군주가 철저히 경계해야만 할 불명예에 해당한다. 실제로 무력을 갖춘 자와 못 갖춘 자 사이에는 하늘과 땅만큼 커다란 차이가 있다. 예를 들면 무력을 가진 자가 갖지 못한 자에게 기꺼이 복종하거나, 무력을 갖지 못한 자가 무력을 가진 부하들 사이에서 편하게 지낼 수 있다고 생각하는 것은 사리에 맞지 않는다. 왜냐하면 저쪽엔 경멸을 품을 것이고 이쪽은 의심과 두려움에 사로잡히게 되어 양자가 우호적으로 원만하게 지낸다는 것은 도저히 상상할 수도 없다. 그리고 군사(軍事)에 정통하지 않은 군주는 이미 언급한 바와 같이 다른 불행은 차치하고라도 먼저 부하들의 존경을 받지 못한다. 군주 또한 부하를 신뢰할 수 없다.

그렇기 때문에 군주는 침략에 대비한 군사훈련을 철저히

하지 않으면 안 된다. 그리고 평시에도 전시보다 더 강도 높은 관심을 가져야 한다. 그리고 이를 실천하는 방법은 두 가지가 있다. 하나는 행동으로 실천하는 것이고 또 하나는 지혜를 이용하는 것이다. 실천이란 휘하 병사들을 통제하고 훈련시키고 잘 다스리는 것 이외에 항시 수렵을 행하고 이를 통해 육체적 고통에 익숙해져야 한다. 그리고 다른 지방에 가서 자연지형을 익혀서, 산맥이 어떻게 솟아 있는지 골짜기는 어떤 형태이고, 평야는 어떻게 펼쳐져 있는지 알고, 하천과 습지의 상황을 관찰하고 이것에 지대한 주의를 기울여 지식을 쌓아야 한다. 이러한 지식은 두 가지 점에서 도움이 된다. 하나는 자기 나라의 지형을 잘 알게 되어 국방에 도움이 된다. 또 하나는 지리를 인식하는 개념이 생겨 어떤 지방에 처음 가보더라도 쉽게 지형을 파악할 수가 있다. 예컨대 토스카나 지방의 언덕, 골짜기, 평야, 강, 늪지대는 다른 지방에서 볼 수 있는 것과 유사하다. 따라서 어떤 지방의 지형에 정통해 있다면 다른 지역의 지형을 알 수가 있는 것이다. 그러므로 이런 것을 숙지하지 못한 군주는 지휘관이 갖춰야 할 첫째 덕목을 갖고 있지 못한 것이다. 왜냐하면 이러한 경험이 적군을 발견하고 야영지를 결정하고 군대를 전진시키고 전투대형을 결정하여 적의 성곽에 대하여 유리한 전투포진을 펼칠 수 있게 해주기 때문이다.

아카이아의 군주 필로포이멘(Philophoimen BC 252~184 아카이아 동맹의 지도자이며 탁월한 전략가)에 관하여 역사가들이 찬사를 보냈는데, 그가 특히 평시에도 항상 전술을 염두에 두고 생각했다는 점을 칭찬한다. 그는 친구와 야외에 다닐 때도 종종 멈춰 서서 이런 토론을 했다. "만일 적이 저 언덕을 차지하고 우리가 이쪽에서 병력을 배치하고 있다면 어느 쪽이 유리한가? 현재의 진형을 유지한다면 어떻게 적과 맞서 싸울 수 있는가? 그래서 만일 우리가 퇴각을 하게 된다면 어떻게 하는 게 좋을까? 또 적이 퇴각한다면 어떻게 추격에 나서야 하는가?" 산책을 하면서도 그는 어떤 군대에게 일어날 수 있는 상황을 하나하나 친구에게 제시하고 상대의 의견을 듣고 자기 의견을 말하고 이유를 제시하면서 심도 있는 토론을 펼쳤다. 그는 이렇게 끊임없이 반성을 반복하여, 자신이 군대를 지휘할 때는 어떤 돌발 상황이 닥쳐도 대책을 세우는데 곤란을 겪었던 적이 없었다.

그리고 정신적 훈련을 위해서 군주는 독서를 해야 한다. 먼저 역사서를 가까이하고 영웅들이 성취한 업적을 고찰하는 것이 중요하다. 전쟁에 임하여 그들이 어떻게 지휘했는가를 알고 승리와 패배의 원인은 어디에 있는가를 검토하고 승자의 사례를 귀감으로 삼고 패자의 경우를 피하도록 해야 한다. 우선은 영웅들이 과거에 행한 일들을 그대로 모방하는 것이 필요하다. 과거의 위인들도 그 이전 시대에 세상 사람들이 찬양했던 영예로운 인물들을 모범으로 삼았고 선현의 행위를 좌우명으로 삼았던 것이다. 알렉산드로스 대왕은 아킬레스를 모방했고 카이사르는 알렉산드로스를 모방했고 스키피오가 키로스 왕을 모방했다고 사람들은 말한다. 그리고 크세노폰이 저술한 키로스 왕의 전기를 읽으면 스키피오가 일생 성취한 영광이 얼마나 키로스 왕을 모방한 것이었는지 알 수 있을 것이다. 그리고 스키피오가 성실성, 배려심, 인간미, 관용의 면에서 크세노폰이 묘사한 키로스 왕과 얼마나 유사한지 엿볼 수 있다.

현명한 군주라면 항상 이런 태도를 유지해야 한다. 평시에도 결코 안일에 빠지지 말고, 노력을 기울여 중요한 사항을 실천하고, 역경이 닥쳐도 그것을 극복할 수 있어야 한다. 이렇게 해야만 운명이 돌변해도 거기에 저항하고 견딜 준비가 갖춰지게 되는 것이다.

　군주는 침략을 막고 자국을 굳건히 지키기 위해 군사 조직 및 훈련에 주력해야 한다. 이것만이 군주의 자리를 굳건히 지키고 혈통을 이어 지위 승계도 유지할 수 있다. 만약 안일 무사한 사치와 유흥에 빠지면 지위는 물론 나라마저도 모두 잃게 된다.

　힘이 강한 자는 약한 자에게 복종할 이유가 없다. 지도력이 없는 군주가 잘 무장된 군인들로 둘러싸여 있다 한들 안전하다고 할 수 없다. 실제로 무력을 갖춘 자와 못 갖춘 자 사이에는 커다란 차이가 있다. 예를 들면 무력을 가진 자가 갖지 못한 자에게 기꺼이 복종하거나, 무력을 갖지 못한 군주가 무력이 있는 부하들 사이에서 편하게 지낼 수 있다고 생각하는 것은 사리에 맞지 않는다. 왜냐하면 저쪽엔 경멸을 할 것이고 이쪽은 의심과 두려움에 사로잡히기 때문이다.

　군주는 침략에 대비한 군사훈련에 관심을 가지고, 평시에도 전시에 대비하여 강도 높은 훈련을 해야 한다. 그리고 이를 실천하는 방법은 두 가지가 있는데 하나는 병사들을 사냥이나 무술을 통해서 훈련시키고 잘 다스리는 것, 또 하나는 항시 자연지형을 살피며 방어수단을 미리 계획하고 숙지하며 위대한 인물들의 행적을 본받아야 한다.

평시에도 결코 안일에 빠지지 말고 노력을 기울여 중요한 사항을 실천하고 역경이 닥쳐도 그것을 극복할 수 있는 대비책을 갖춰야 한다. 이렇게 해야만 운명이 돌변해도 거기에 저항하고 견딜 준비가 갖춰지게 되는 것이다.

제15장
인간, 특히 군주가 칭송받거나 비난받는 원인

이제 군주는 신하와 우군(자기편)에 대하여 어떤 태도를 취하고 어떻게 통치해야 하는가라는 문제를 검토해 보겠다. 이러한 주제에 관하여 많은 이들(고대 그리스의 철학자로부터 당시까지의 사상가들)이 책을 저술했다는 것을 모르는 바는 아니지만 내가 다시 논한다면 다른 이들의 견해와는 명확한 차이가 있을 것이다. 그래서 남들에게 주제 넘는다는 얘기를 들을까 두렵기도 하다. 하지만 나의 바램은 읽는 이들에게 도움을 주고자 함이다. 그래서 상상의 세계보다는 생생한 사실을 추구하는 것이 적절하다고 생각한다. 지금까지 많은 이들은 현실의 모습을 보려고 하지 않고 알지도 못하고, 공화국이나 군주국을 상상하여 논했다. 그러나 '인간이 현실에서 살아가는 모습'과 '인간이 어떻게 살아가야 하는가'는 엄청난 거리가 있는 얘기이다. 그래서 '인간이 어떻게 살아가야 하는가'만 생각하고 '인간이 현실에서 살아가는 모습'을 보려고 하지 않는 인간은 자립하기는커녕 필연코 파멸을 보게 될 것이다. 왜냐하면 어떤 상황에서든 선한 행동을 하겠다고 약속하는 사람이 선하지 않은 자들 사이에 둘러싸여 있다면 그의 파멸은 불을 보듯 뻔한 일이다. 따라서 자기 몸을 지키려는 군주는 때로는 좋지 않은 인간이 되는 법을 배워야 한다. 그리고 군주는 상황이나 필요에 따라서 악한 짓을 사용하기도 해야 한다.

그러면 옛날 이야기에 나오는 군주는 제쳐놓고, 실존 인물을 언급해 보겠다. 사람은 누구나 잡담을 나눌 때 남의 소문 특히 지위가 높은 군주에 대한 소문을 얘기하는 법인데, 이런 경우 당사자가 가진 어떤 성격을 거론하여 비난이나 찬사를 말한다. 예를 들면 '관대하고 잘 베푼다' 또는 '인색하다' 하다는 평을 받는다. 인색하다는 말을 토스카나 방언으로 아바로 (avaro)로 '탐욕스럽게 욕심이 많고 도둑질도 마다하지 않는 사람을 가리킨다. 여기의 미세로(misero)는 자기 것을 사용하려고 하지 않는 사람을 가리킨다.

어떤 사람은 관대하다 또 다른 이는 인색하다. 또는 냉혹한 사람과 인정 많은 사람, 신뢰할 수 없는 사람과 의리가 있는 사람, 여자처럼 소심한 사람과 잔인하고 대담한 사람, 인간미가 있는 사람과 오만한 사람, 호색한 사람과 금욕적인 사람, 겉과 속이 일치하는 사람과 교활한 사람, 대하기가 어려운 사람과 편한 사람, 그리고 당당한 태도의 사람과 경박한 사람, 신앙심이 깊은 사람과 신을 믿지 않는 사람 등 여러 가지 평판이 있다.

위에서 거론한 성격 중에 좋은 것만 갖춘 군주가 있다면 칭송받을 것이며 아무도 이의를 제기하지 않을 것이다. 하지만 군주도 인간인 이상 그러한 성격만을 갖추고 완벽하게 지켜나간다는 것은 불가능하며 말도 안 되는 얘기다. 따라서 군주는 조심성 있게 자기 지위를 빼앗길 만큼 악명을 떨치는 일은 피해야 한다. 그리고 군주의 지위를 위협받을 정도의 심각한 악명은 가급적 피하도록 노력해야 할 것이다. 후자의 경우는 어쩔 수 없다면 개의치 말고 그냥 두어도 괜찮다. 그런데 악덕을 행사하지 않으면 권력을 지키는 것이 쉽지 않을 때는 악명 따위는 개의치 말아야 할 것이다. 왜냐하면 모든 일을 잘 생각해보면 미덕으로 보이는 일을 행하는 것이 자신의 파멸을 초래하는 경우가 있는가 하면 오히려 악덕으로 보이는 일을 행하는 것이 자신의 안전과 번영을 가져오는 경우가 있기 때문이다.

　인간의 삶에 있어 현실적인 것과 이상적인 것은 많은 차이가 있다. 현실을 무시하고 이상적인 사회를 추구하는 군주는 파멸의 길에 이른다. 따라서 자기 지위를 지키려는 군주는 때로는 선하지 않는 수단도 익혀야 하고, 악한 인간이 되는 법도 배워야 한다.

　최고의 군주라면 모든 사람으로 부터 존경 받을 것이며 어느 누구도 불평하지 않을 것이다. 하지만 군주도 인간인 이상 모든 이로부터 존경받을 일만 하기란 어려운 일이다. 따라서 군주는 자기 지위를 빼앗길 만큼의 심각한 악명을 떨치는 것은 피해야 한다.

　그런데 악덕을 행사하지 않으면 나라를 구하고 자기 지위를 지키는 것이 쉽지 않을 경우에는 악명 따위는 개의치 말고 단호하게 행동해야 한다. 왜냐하면 모든 일을 잘 생각해보면 미덕으로 보이는 일을 행하는 것이 자신의 파멸을 초래하는 경우가 있는가 하면, 오히려 악덕으로 보이는 일을 행하는 것이 자신의 안전과 번영을 가져오는 경우도 있기 때문이다.

제16장

후함과 인색함

앞에서 거론한 성격 중에 처음에 말한 성격, 우선 후함을
말하자면 후한 사람으로 보이는 것은 확실히 좋은 일이라고
생각한다. 하지만 당신이 흔히 생각하는 잘 베푼다는 행위를
한다면 오히려 당신에게 해가 된다. 다시 말하면 적절하고 바
람직한 형식으로 관대하고 후한 행위를 한다면, 나중에는 남
들에게 후하다고 인정받지도 못할뿐더러 그 반대의 악덕을
행한다는 비난을 살 것이다. 그러니까 많은 사람들 사이에서
후하다는 평가를 계속 유지하려면 필연적으로 사치스러운 행
사나 재물을 이용해야 하는데 그러면 군주는 사치를 하여 재
산을 소모하게 되며 그런 평판을 유지하기 위해서는 결국엔

인민들에게 과중한 세금을 부과하게 되고 수단과 방법을 가리지 않고 돈을 긁어 모으는 일에 혈안이 된다. 그렇게 되면 신민들에게 원한을 사게 되고 궁핍해져서 아무에게도 존경을 받지도 못하게 된다. 결국 이 군주의 후한 미덕은 극히 소수에게만 선물을 주고 대다수의 사람들에겐 상처를 주고 만다. 그래서 이 군주에게 작은 위기가 찾아와도 당황하고 위기에 휩쓸려 몰락할 수도 있다. 만일 군주가 그 과정에서 문제점을 깨닫고 태도를 바꾸려고 하면 곧 인색하다는 악평에 시달리게 된다.

그래서 군주가 후하다는 미덕을 행하고 그렇게 인정받으려고 하면 스스로 상처를 입지 않을 수가 없다. 그래서 현명한 군주는 인색하다는 평판 따위는 조금도 개의치 않는다. 군주의 검소함에 의해 세금 수입이 충분해지고 외부 침략자로부터 국가를 방어할 수 있고, 인민에게 부담을 지우지 않고도 큰 일(전쟁)을 처리할 수 있는 인물이라고 알려지면 이 군주는 점점 대범하고 후하다는 평판을 얻게 될 것이다. 이렇게 되면 군주는 무엇 하나 빼앗지 않고도 많은 사람들에게 후하게 처신한 것이 되고, 소수의 사람들에게만 단지 인색하게 처신했기 때문이다. 우리 시대에 우리가 보고 들은 바에 따르면 큰 위업을 달성한 군주들은 모두 인색하게 보이는 사람들이었다. 그렇지 않은 자들은 모두 몰락했다. 예를 들면 교황 율리우스 2세는 잘 베푼다는 평판을 이용하여 교황의 지위에 올랐다. 하지만 나중에 전쟁을 감행할 때는 자신의 평판이 나빠지는 것을 조금도 개의치 않았다. 그리고 현 프랑스 국왕(루이 12세 1462~1515)은 국민에게 별도의 세금을 부과하지 않고도 여러 차례의 전쟁을 수행해냈다. 이것은 오랫동안 몸에 밴절약이 엄청난 지출을 감당해내게 만든 것이다. 현 스페인 국왕(페르난도 5세 1452~1516)의 경우도 만일 그가 후하다는 평판을 누렸다면 도저히 그토록 많은 전투에서 성공적으로 승리를 거두지도 못했을 것이다.

그래서 군주는 인색하다는 평판을 개의치 말아야 한다. 이유는 신민의 재산을 빼앗지 않기 위해서, 자기를 방어하기 위해서, 궁핍해져서 경멸받지 않기 위해서 그리고 탐욕을 부리지 않기 위해서 그렇게 해야 한다. 인색함은 통치자가 자기 지위를 유지하기 위해 필요한 악덕이다.

그런데 만일 혹자가 카이사르는 관대하고 후한 처신으로 로마제국의 황제가 되지 않았는가, 그리고 다른 많은 인물도 역시 후한 처신으로 가장 높은 지위에 오르지 않았는가라고 묻는다면 나의 대답은 다음과 같다. 우선 그 인물이 군주의 지위에 오른 인물인가 아니면 군주의 지위로 올라가는 도중의 인물인가라고 묻고 싶다. 전자의 경우라면 후함은 해가 된다. 하지만 후자의 경우라면 그렇게 보이는 것은 반드시 필요하다. 카이사르는 로마제국의 제위에 야망을 가진 인물이었다. 그런데 만일 카이사르가 권력을 장악한 이후에도 거침없이 지출을 했다면 그의 권력은 몰락했을 것이 분명하다.

그래도 혹자는 반문할 지도 모른다. 이미 군주가 된 사람 중에도 상당히 후하게 베풀면서 군대를 동원하여 대단한 업적을 성취한 인물이 많다고. 그렇다면 나는 이렇게 대답하겠다. 군주가 지출을 할 경우, 자기 재산이나 신민의 재산을 사용할 때도 있고 또 완전히 타인의 재산을 지출할 경우도 있다. 전자의 경우는 인색해야 하지만 후자의 경우는 넉넉하게 선심을 써야 한다. 그러니까 군주가 전장에서 군대와 함께 진군할 때 전리품을 차지하고 약탈을 하기도 하고 징발을 명하기도 하는데 이런 타인의 재산을 처분할 때는 아주 후하게 할 필요가 있다. 그렇지 않으면 병사들의 의욕이 꺾일 것이다. 그러니까 군주 자신의 재산이나 신민의 재산이 아니라면, 키로스나 알렉산드로스 대왕이 그랬듯이 대범하고 후하게 베푸는 것이 좋다. 타인의 재물(점령지에서)은 함부로 지출해도 당신의 평판은 떨어지는 것이 아니라 크게 올라갈 것이다. 당신에게 해가 되는 것은 자기 재물을 무절제하게 탕진하는 경우뿐이다.

후함만큼 그것을 행하는 자를 좀먹는 것은 없다. 후하게 베풀게 되면 당신의 자산은 점점 줄어들고 궁핍해져서 경멸 당하거나, 궁핍을 면하려고 탐욕스러워져서 남의 원한을 사게 된다. 특히 군주가 경계해야 할 점은 남에게 경멸 당하고 미움을 받는 일이다. 그런데 후함은 이 가운데 한 가지로 당신을 몰고 가게 되므로 군주는 이를 경계해야 한다. 따라서 후하다는 평을 받으려고 하다가 결국은 탐욕스럽다는 악평을 듣고 미움을 사기보다는, 악평만 듣고 미움은 사지 않는 인색함으로 무장하는 것이 훨씬 현명한 행동이다.

✤ 핵심 정리 ✤

　군주는 모든 사람에게 후하게 베푼다는 평판은 좋은 일이지만, 하지만 흔히 생각하는 잘 베푼다는 행위는 오히려 해가 된다. 많은 사람들 사이에서 후하다는 평가를 계속 유지하려면 필연적으로 사치스러운 행사나 재물을 이용해야 함으로 군주는 재원을 소모하게 되며 그런 평판을 유지하기 위해서는 결국엔 과중한 세금을 부과해야 하고, 인민들에게 원한을 사게 되고, 궁핍해져서 아무에게도 존경을 받지도 못하게 된다. 결국 군주의 후한 미덕은 극히 소수에게만 혜택을 주고 대다수의 사람들에겐 상처를 주고 만다.

　현명한 군주는 인색하다는 평판 따위는 조금도 개의치 않아야 한다. 군주의 검소함에 의해 재정이 충분하고, 국민에게 부담을 지우지 않고도 큰 일(전쟁)을 처리할 수 있는 인물이라고 알려지면 군주는 점점 대범하고 후하다는 평판을 얻게 될 것이다. 우리 시대에 큰 위업을 달성한 군주들은 모두 인색하게 보이는 사람들이었다. 그렇지 않은 자들은 모두 몰락했다.

군주가 전장에서 전리품을 차지하고 약탈도 하고 징발을 명하기도 하는데 이런 타인의 재물(점령지에서)은 후하게 지출해도 당신의 평판은 떨어지는 것이 아니라 크게 올라갈 것이다. 군주 자신의 재산이나 국민의 재산을 무절제하게 탕진하는 경우가 아니라면, 대범하고 후하게 베푸는 것이 좋다.

제17장

잔혹함과 자비심, 사랑을 받는 것과
두려움을 받는 것은 어느 쪽이 좋은가

앞에서 언급한 성격 중에서 다음 두 가지로 화제를 바꾸자. 어떤 군주든 간에 잔혹하기보다는 자비롭다는 평을 듣는 것이 바람직하다고 생각한다. 그렇지만 무분별한 자비심은 베풀지 않도록 조심해야 한다. 예를 들면 체사레 보르자는 잔인하다는 평을 들었지만 결과적으로 그 잔인성이 로마냐 지방의 질서를 바로잡고 그곳을 통일시켰으며 평화롭고 충성스러운 지역으로 만들었다. 보르자의 행동을 잘 생각해보면, 피렌체 시민들이 잔인하다는 악명을 피하려고 피스토이아의 붕괴를 수수방관했던 것과 비교해서 보르자가 훨씬 자비롭다고 할 수 있다. 따라서 군주 된 자는 자신의 신민을 단결시키고 충성심을 유지시킬 수 있다면 잔혹하다는 악평 따위는 전혀 개의치 말아야 한다. 왜냐하면 너무 인자하여 혼란을 초래하고 결국 살육과 약탈을 방치하는 군주와 비교한다면, 잔혹한 군주는 본보기로 극소수에게만 잔혹한 행위를 행함으로써 지속적으로 자비로운 군주가 되는 것이다. 후자의 경우 군주가 처형을 명하는 것은 그저 극소수의 개인만을 해치는 것이며 전자의 경우는 전체 인민에게 상처를 주는 것이다. 게다가 신생국가의 새 군주에겐 위험 요소가 가득하므로 잔혹하다는 악평을 기피해서는 안 된다. 베르길리우스는 디도의 입을 빌려 이렇게 말한다.

사태는 엄중하고 왕국은 아직 새로운 탓으로 짐은 이러한 조치을 취했고 국경의 수비를 단단히 강화했노라.

하지만 남의 말을 쉽게 믿지 말고, 신중한 행동을 보이며, 그렇다고 너무 우유부단해서도 안 된다. 심사숙고와 자비심을 가지고 자신의 행동을 조심하고, 남을 지나치게 믿어 경계가 소홀하거나, 남을 지나치게 의심하여 남들이 견디기 어려운 존재가 되면 안 된다. 여기에서 한 가지 논란이 생긴다. 두려움의 대상과 사랑의 대상 중 어느 쪽이 좋은가라는 의문이다. 둘 다 얻을 수 있으면 좋겠지만 그것은 극히 어려우므로 하나를 선택해야 한다면, 사랑을 받기보다는 두려움을 받는 것이 훨씬 안전하다. 왜냐하면 인간의 본성이란 보편적으로 은혜를 모르고 변덕스러우며 위선적이라 스스로를 속이고 위험은 기피하고 눈앞의 이익엔 눈이 어둡기 때문이다. 그래서 군주가 은혜를 베풀고 있는 동안엔 모두가 당신에게 충성하겠다고 하며 모든 것을 바치겠다고 말한다. 하지만 앞에서(제9장) 언급한 것처럼 그럴 필요성이 보이지 않을 경우의 이야기다. 막상 그들의 충성이 필요한 시점이 오면 그들은 배신한다. 그러니까 그들의 충성 맹세만 전적으로 믿고 있던 군주는 다른 대책을 강구해 놓지 않으면 몰락할 수밖에 없다. 위대하고 고매한 인격으로 끌어들인 것이 아닌 물질적인 대가로 이루어진 우정은 그저 그뿐인 관계라서 정작 필요할 때는 도움이 되지 않는 것이다.

인간이란 양자택일을 강요당할 때, 자기에게 두려움을 주는 사람보다는 자기에게 사랑을 주는 사람을 주저 없이 배신하고 해친다. 왜냐하면 인간이란 본래 사악한 존재라서 은혜의 끈으로 맺어진 애정 따위는 자신에게 이익이 걸린 문제가 걸리면 곧 걷어차버린다. 하지만 두려워하는 사람에겐 처벌과 보복의 공포가 따라오니까 배신하기란 쉽지 않다.

그렇다 하더라도 군주는 사랑받지 못하더라도 미움을 받지는 않도록 해야 한다. 그리고 두려움의 대상이 되어야 한다. 원한을 사지 않는 것과 두려움을 받는 것은 충분히 양립할 수 있다. 이것은 위정자가 신민의 재산과 그들 부녀자를 강탈하지 않으면 얼마든지 가능한 일이다. 그런데 반드시 누군가가 피를 흘리지 않으면 안 되는 경우엔 적절한 명분과 뚜렷한 이유를 내세워 처리하면 된다. 인간은 살해된 부친은 쉽게 잊을 수 있지만 자기 재산의 상실은 잊지 못하므로 타인의 재산과 부녀자의 강탈을 손을 대서는 안 된다. 게다가 남의 재산을 빼앗을 구실은 얼마든지 찾아낼 수 있다. 한번 약탈하는 재미를 맛본 자는 타인의 재산을 빼앗을 이유쯤 얼마든지 만들 수 있다. 반면에 목숨을 빼앗을 이유를 찾기는 쉽지 않고 또 쉽게 사라져 버린다[재산 약탈은 잊혀지지 않고 증오심이 남는다. 하지만 처형은 증오심이 곧 사라지고 공포심이 남는다].

한편 군주가 군대를 거느리고 병사들을 지휘할 때는 냉혹하다는 악평을 완전히 무시해도 좋다. 왜냐하면 냉혹하다는 평가 없이는 군대의 단결을 이루고 군사작전을 제대로 실행할 수가 없기 때문이다. 한니발 장군(Hannibal BC 247~183 카르타고의 용장, 제2차 포에니전쟁을 일으킴)의 눈부신 활약의 이면을 보자. 그는 수많은 인종이 섞인 군대를 이끌고 타지에서 전쟁을 일으켰는데 전세가 유리할 때나 불리할 때나 한 번도 군단 내에서 병사들끼리 다툼이나 지휘관의 반란이 없었다. 이 사실은 한니발의 비인도적인 잔혹성 덕분이었다. 다른 여러 가지 성품과 함께 그의 지도력은 휘하 군사들의 눈에 항상 존경심과 함께 두려움을 주는 존재로 비쳤다. 만일 그런 기질이 없고 다른 성품만 갖고 있었다면 그는 그런 위업을 성취하지 못했을 것이다. 그런데 이 점을 간과한 여러 저술가들은 그의 위업에 경탄하면서도 다른 한편 그것을 가능케 한 근본 원인을 비난하기도 한다.

그가 가진 다른 덕성만으로는 성공할 수 없었을 것이라고 단언할 수 있는 근거는 스키피오의 경우를 생각해보면 분명해진다. 스키피오는 그의 시대뿐 아니라 역사 전체를 살펴보아도 분명히 걸출한 영웅이었다. 하지만 그의 군대는 스페인에서 반란을 일으켰다. 그런 불상사는 병사들에게 지나치게 자비로운 온정을 베푼 점 때문에 야기된 것이지 다른 이유는 없다. 그 때문에 그는 원로원에서 파비우스 막시무스에게 탄핵을 받았고 심지어 로마군을 타락시킨 원흉이라고 비난받기도 했다. 또 다른 시기에 스키피오가 파견한 행정관(프레미니오)이 로크리 지방을 파괴와 약탈을 저지른 사건이 있었으나, 스키피오는 그곳 주민들의 분노를 달래주지 않았고 부패한 행정관의 악행을 눈감아주었다. 이것은 스키피오가 지나치게 느긋하고 자비로운 성격을 가졌기 때문이다. 그래서 어떤 이가 원로원에서 스키피오를 변호하여, '이 사내는 타인의 잘못을 추궁하기보다는 스스로 잘못을 저지르지 않으려고 노력하는 사람'이라고 두둔했다. 만일 스키피오가 그런 성품을 계속 가지고 군대를 지휘했다면 그의 명성과 영광은 차츰 빛이 바래고 말았을 것이다. 하지만 그는 원로원의 견제와 지시를 따랐기 때문에 그의 유해한 성격이 표면에 드러나지 않았고 명성과 지위를 잃지 않았다.

그러면 여기에서 두려움을 받는 것과 사랑을 받는 것이란 주제로 돌아와 결론을 내려본다. 인민이 사랑을 하는 것은 그들이 자기 선택에 따라서 하는 것이다. 하지만 두려움을 받는 것은 군주가 일부러 그렇게 만드는 것이다. 따라서 현명한 군주는 자신의 의지에 근거해야지 타인의 의도에 의존해서는

안 된다. 다만 앞에서도 언급한 것처럼 미움을 사는 일만은
피해야 한다.

군주는 잔혹하다기보다는 자비롭다는 평이 나도록 노력해야 한다. 그렇지만 무분별한 자비심은 베풀지 않음만 못하다. 군주는 신민을 단결시키고 충성심을 유지시킬 수 있다면 잔혹하다는 악평 따위는 전혀 의식하지 않아도 된다. 왜냐하면 너무 인자하여 혼란을 초래하고 결국 살육과 약탈을 방치하는 군주보다는 본보기로 소수에게만 잔혹한 행위를 함으로써 지속적으로 자비로운 군주가 되는 것이 좋다.

군주는 남의 말을 쉽게 믿지 말고, 신중한 행동을 보이며, 우유부단함을 보여서는 안 된다. 심사숙고와 자비심을 가지고 자신의 행동을 조심하고, 남을 지나치게 믿어 경계가 소홀하거나, 남을 지나치게 의심하여 주위 사람들이 견디기 어려운 존재가 되면 안 된다.

군주는 두려운 존재이면서 존경의 대상이 되는 것이 바람직하다. 그러나 두려우면서도 존경의 대상이 되기란 쉬운 일이 아니다. 두려움의 대상이냐, 존경의 대상이냐를 불가피하게 선택하라면 존경보다는 두려움의 대상이 되는 게 났다. 다시 말하면 존경이란 자신에게 이익이 걸린 문제가 걸리면 곧 배신한다. 하지만 두려워하는 사람에겐 처벌과 보복의 공포가 따라오기 때문에 배신하기가 쉽지 않다.

인간의 본성이란 보편적으로 은혜를 모르고 변덕스러우며 위선적이라, 스스로를 속이고 위험은 기피하고 눈앞의 이익엔 눈이 어둡다. 그래서 군주가 은혜를 베풀고 있는 동안엔 모두가 충성을 말하고 모든 것을 바치겠다고 말한다. 하지만 막상 위기가 닥치거나 그들의 충성이 필요한 시점이 오면 그들은 배신한다. 그래서 그들의 충성 맹세만 전적으로 믿고 다른 대책을 준비해 놓지 않으면 몰락할 수밖에 없다. 인격으로 끌어들인 것이 아닌 물질적인 대가로 맺어진 인연은 위기가 닥치면 도움이 되지 않는 것이다.

존경은 받지 못하는 군주라도 증오의 대상은 되지 말아야 하며, 두려움의 대상이 되어야 한다. 원한을 사지 않는 것과 두려움을 받는 것은 충분히 양립할 수 있다. 신민의 재산이나 부녀자를 강탈하지 않으면 얼마든지 증오의 대상이 되는 것을 피할 수 있다. 인간은 살해된 부친은 쉽게 잊을 수 있지만 자기 재산과 부녀자의 강탈은 잊지 못하므로 신민의 재산과 부녀자를 강탈하는 행위는 해서는 안 된다. [재산 약탈은 잊혀 지지 않고 증오심이 남는다. 하지만 처형은 증오심이 곧 사라지고 공포심이 남는다].

군주의 지도력은 군사들의 눈에 항상 존경심과 함께 두려움을 주는 존재로 비쳐져야 한다. 인간이 사랑을 하는 것은 자기 선택 여하에 따라서 하지만, 두려움을 받는 것은 군주의 행위에 따라서 그렇게 만드는 것이다. 따라서 현명한 군주는 자신의 선택에 의존해야지 타인의 선택에 의존해서는 안 된다. 다만 앞에서도 언급한 것처럼 미움을 받는 일만은 피해야 한다.

제18장
군주는 어떻게 신의를 지켜야 하는가

군주가 간교한 술책을 구사하지 않고 정직하게 살며 신의를 지키는 일은 칭송받을 일임은 누구나 아는 사실이다. 하지만 오랜 경험에 따르면 신의 따위는 안중에도 없고 교활한 권모술수로 사람들을 기만하는 데 능한 군주들이 오늘날 위업을 성취한 인물들이다. 그들은 신의를 소중히 하는 군주들과 싸워 승리를 쟁취해냈다.

　그래서 싸움에서 이기려면 두 가지 술책이 있음을 알아둬야만 한다. 하나는 법에 의지하는 것이고 또 하나는 힘에 의지하는 것이다. 전자는 인간의 수단이고 후자는 짐승의 수단이다. 그런데 많은 경우 전자만으론 불충분하여 후자와 겸비

해야 한다. 따라서 군주는 짐승의 방법과 인간의 방법을 능숙하게 나누어 구사할 수 있어야 한다. 이 사실을 고대의 저술가들은 군주들에게 비유적으로 가르쳤다. 그들이 남긴 이야기(그리스 신화)를 보면 아킬레스나 다른 왕들은 반인반수인 케이론(켄타우르스 족, 상체는 인간 하체는 말)에게 맡겨져 양육되었고 정성껏 교육을 받았다. 반인반수에게 교육을 받았다는 것은, 군주된 자는 그 두 가지 성품을 나누어 구사할 필요가 있음을 암시한다. 둘 중 한 가지가 없으면 군주의 지위를 오래 유지할 수가 없다는 사실을 가르치는 셈이다.

그래서 군주는 짐승의 성질을 적절히 배울 필요가 있는데, 이런 경우 짐승 중에서도 여우와 사자에게 배워야 한다. 왜냐하면 사자는 계략이란 덫에서 몸을 지키지 못하고 여우는 늑대와 맞서 몸을 지키지 못하기 때문이다. 덫을 간파한다는 의미에서는 여우가 되어야 하고 늑대를 혼내주려면 사자가 되어야 한다. 그런데 사자의 방식에만 안주하려는 자들은 이러한 전술을 이해하지 못한다. 그러므로 현명한 군주는 신의를 지키는 것이 자기에게 불리한 상황이라면 또는 약속을 했던 이유가 소멸되었을 때는 신의를 지킬 수 없고 또 지켜서도 안된다. 이런 가르침은 모든 인간이 선량한 존재라면 틀린 얘기라고 할 수 있다. 하지만 인간은 사악한 존재이고 당신과 맺은 약속을 충실히 지키려고 하지 않기 때문에, 당신으로서도 타인에게 신의를 지킬 필요는 없다. 게다가 약속을 이행하지 못한 것에 대한 그럴듯한 핑계거리는 조금만 생각해보면 얼마든지 찾아낼 수 있다. 신의를 지키지 않은 경우는 최근 일어난 무수한 사례를 들 수 있다. 신의 없는 군주에 의해서 얼마나 많은 평화조약과 약속이 무효가 되었는지 구체적으로 거론할 수 있다. 결국 여우의 책략을 능숙하게 구사한 군주들이 좋은 결과를 얻고 있는 것이다. 그런데 여우의 기질을 교묘하게 위장하는 것이 중요한데, 뛰어난 위선자가 되고 뻔뻔스러워져야 한다. 게다가 인간은 너무나 단순하고 눈앞의 필요에 따라 움직이기 쉽기 때문에 속이려고 작정한 자에게 기만당하는 사람은 얼마든지 찾아볼 수 있다.

아주 최근의 사례 가운데 빼놓을 수 없는 사건이 있다. 알렉산데르 6세 이야기인데, 이 교황은 항상 남을 속이는 일에만 관심이 있었다. 타인에게 사기 치는데 재료가 부족하여 고민한 적은 없었다. 이 교황만큼 누구보다도 효과적으로 약속하고 얘기를 과장하여 맹세하고나서 보기 좋게 약속을 지키지 않는 사람은 없었다. 게다가 그의 기만은 의도대로 이루어

졌으니 그는 세상사의 이런 측면을 제대로 이해하고 있었던 것이다.

그러니까 군주는 위에서 말한 좋은 성품을 전부 갖출 필요는 없지만 갖추고 있는 것처럼 보이는 것은 중요하다. 아니, 나는 감히 이렇게 주장하겠다. 그런 훌륭한 성품을 갖추고 그것을 지키는 것은 해롭다. 갖추고 있는 것처럼 보이는 것, 바로 그것이 유익하다. 예를 들면 자비롭다거나 신의가 두텁다거나 다정하다거나 겉과 속이 일치한다거나 엄숙하다거나 그렇게 보여야 한다. 또 현실에서 그렇게 할 필요가 있다고 해도, 만일 그런 태도가 불필요할 경우에는 완전히 반대의 태도로 변신할 수 있거나 변신하는 기술을 체득해 두어야 한다. 군주 그것도 신생 군주는 사람들에게 좋은 사람이라고 비쳐질 만한 행동만 해서는 안 된다. 권력을 유지하기 위해서는 신의를 배신하고 자비심을 버리고 인간미를 포기하고 종교적으로 위반되는 행동을 흔히 해야만 한다는 사실을 명심해야 한다. 그러므로 군주는 운명의 바람이 부는 대로 상황의 변화가 강요하는 것에 따라 자신의 행동을 변경할 수 있는 마음의 준비를 갖추고 있어야 한다. 그리고 앞에서 서술한 것처럼 가능하면 바람직한 행동에서 이탈하지 말아야겠지만 필요하다면 과감하게 악행을 감행할 수 있는 마음의 준비가 되어 있어야 한다.

그래서 위에서 말한 다섯 가지 미덕을 갖추고 있지 않은 듯한 말은 군주가 입에 올리지 않도록 매우 조심해야 한다. 군주를 알현하고 그의 말을 듣는 사람들 앞에서 군주는 어디까지나 자비롭고 신의가 두텁고 정직하고 인간미가 넘치고 종교적으로 경건한 인물로 보이도록 마음을 써야 한다. 그 중에서도 특히 마지막에 언급한 경건한 것처럼 보이는 것이 가장 중요하다.

인간은 일반적으로 사물을 직접 만져보고 그것을 판단하기보다는 거리를 두고 보는 것만으로 판단하는 것이다. 왜냐하면 당신을 눈으로 보는 것은 누구나 할 수 있지만 직접 접촉하는 것은 극소수의 사람에게만 허락된 행위이기 때문이다. 그래서 사람은 누구나 외모만 보고 당신을 판단하며 극소수만이 당신과 접촉할 수가 있다. 게다가 그런 극소수마저도, 군주의 위엄에 의해 지켜지는 대다수 사람들의 의견에 감히 반대 의견을 내세우지는 못한다. 게다가 모든 사람들의 행동에 대하여 더구나 군주의 행동에 대해 이의를 제기할 수 없으므로, 사람들은 그저 결과만 보고 마는 것이다.

그러므로 군주는 전쟁에서 이기고 권력을 유지하면 된다. 그렇게만 하면 그가 취한 수단은 항시 훌륭하다고 평가를 받고 누구나가 칭송하게 된다. 사람들은 항상 겉모습만 보고 또 사건의 결과만 가지고 판단하기 때문이다. 게다가 세상에 있는 대다수의 사람들은 보통 사람들일 뿐이다. 그런 다수와 정부가 하나가 될 때 소수(통찰력이 있는 자들)는 고립되기 마련이다. 여기서 이름을 밝히지는 않겠지만 우리 시대의 모 군주(스페인의 페르난도 2세)는 입으로는 항상 평화나 신의를 주장했지만 현실에서는 그와 반대로 행동했다. 이런 군주가 만일 평화와 신의를 진실로 존중했다면 그의 명성과 권력은 빼앗겨도 여러 번 빼앗기고 말았을 것이다.

♣ 핵심 정리 ♣

　군주가 간교한 술책을 구사하지 않고 정직하게 살며 신의를 지키는 일은 존경 받을 일이다. 하지만 시대에 거슬러 돌아보면 신의 따위는 안중에도 없고 교활한 권모술수로 사람들을 기만하는 데 능한 군주들이 오늘날 위업을 성취한 인물들이다. 그들은 신의를 소중히 하는 군주들과 싸워 승리를 쟁취해냈다

　싸움에서 이기려면 사람은 법에 의지하여 싸우고 짐승은 힘에 의지하는 것이다. 군주는 짐승의 힘과 법을 능숙하게 나누어 구사할 수 있어야 한다. 군주는 그 두 가지 수단을 나누어 구사할 수 없다면 군주의 지위를 오래 유지할 수가 없다.

　군주는 짐승의 성질을 적절히 배울 필요가 있는데, 이런 경우 짐승 중에서도 여우와 사자에게 배워야 한다. 왜냐하면 사자는 함정을 알아채지 못하고 여우는 늑대와 맞서 몸을 지키지 못하기 때문이다. 따라서 현명한 군주는 함정을 간파한다는 의미에서는 여우가 되어야 하고 늑대를 물리치는 사자의 힘을 갖추어야

한다.

　현명한 군주는 신의를 지키는 것이 해가 되는 상황이라면 신의를 지킬 필요가 없고 또 지켜서도 안 된다. 이런 가르침은 인간이 모두 선량한 존재라면 올바르지 못하다고 할 수 있다. 하지만 인간은 사악한 존재이고 맺은 약속을 충실히 지키려고 하지 않는다면, 더 이상 신의를 지킬 필요는 없다.

　약속을 지키지 못한 것에 대한 그럴듯한 변명거리는 조금만 생각해 보면 얼마든지 구실을 찾아낼 수 있다. 여우의 책략을 능숙하게 구사한 군주들이 좋은 결과를 얻고 있는 것은 여우의 교활한 기질을 교묘하게 위장하여 뛰어난 위선자가 되고 뻔뻔스럽기 때문이다. 인간은 너무나 단순하고 눈앞의 이익에 집착하기 쉽기 때문에 속이려고 작정한 자에게 기만당하는 사람은 얼마든지 찾아볼 수 있다.

　군주는 좋은 성품을 전부 갖출 필요는 없지만 갖추고 있는 것처럼 보이는 것은 중요하다. 그런 훌륭한 성품을 갖추고 그것을 지키는 것은 위험하지만 갖추고 있는 것처럼 보이는 것, 예를 들면 자비롭다거나 신의가 두텁다거나 다정하다거나 겉과 속이 일치한다거나 엄숙하다거나 그렇게 보여줘야 한다. 또 현실에서 그렇게 할 필요가 있다고 해도, 군주는 상황의 변화가 강요하는 것에 따라 자신의 행동을 반대의 태도로 변신할 수 있거나 변신하는 기술을 체득해 두어야 한다. 권력을 유지하기 위해서는 신의를 배신하고 자비심을 버리고 인간미를 포기하고 종교적으로 위반되는 행동도 할 수 밖에 없다는 사실을 명심해야 한다.

　사람들은 일반적으로 사물을 직접 만져보고 그것을 판단하기보다는 눈으로 보는 것으로 판단한다. 왜냐하면 눈으로 보는 것은 누구나 쉽게 할 수 있지만 직접 접촉하는 것은 소수의 사람에게만 허락된 행위이기 때문이다. 그래서 군주의 외모만 보고 판단하며 진실로 어떤 사람인지 경험하는 사람은 소수에 불과하다. 그런 소수마저도 군주의 위엄에 의해 지켜지는 대다수 사람들의 의견에 반론을 제시하기란 쉬운 일이 아니다.

군주는 전쟁에서 이기고 권력을 유지하면 그가 취한 수단은 항시 훌륭하다고 평가를 받고 누구나가 칭송하게 된다. 사람들은 겉모습과 사건의 결과만 가지고 항상 판단하기 때문이다. 게다가 세상에 대다수의 사람들은 보통 사람들일 뿐이다. 그런 다수와 정부가 하나가 될 때 소수(통찰력이 있는 자들)는 고립되기 마련이다.

　　입으로는 항상 평화나 신의를 주장했지만 현실에서는 그와 반대로 행동한다. 이런 군주는 만일 평화와 신의를 진실로 존중했다면 그의 명성과 권력은 빼앗겨도 여러 번 빼앗기고 말았을 것이다.

제19장
경멸과 증오는 어떻게 피해야 하는가

앞에서 말한 군주의 성품 중에서 가장 중요한 사항은 이미 얘기했으니 이제 나머지 성품에 관하여 일반적인 주제로 말해보겠다. 이전에도 얘기한 적이 있는데 군주는 미움을 사거나 경멸 받는 일을 피해야만 한다. 이것만 충실히 지키면 군주의 본분은 다한 것이며, 설사 추악한 짓을 저질러도 아무런 위험에 빠지지도 않는다.

그러면 군주가 가장 큰 미움을 사는 일은 무엇이 있을까? 앞에서도(제17장) 서술한 대로 신하의 재산이나 부녀자를 탐내고 강탈하는 일이다. 이런 짓만은 삼가야 한다. 세상 대다수의 사람들은 재산이나 명예만 빼앗기지 않으면 그런대로 만족하며 살아가는 것이다. 그래서 군주가 적대하여 싸워야 하는 상대는 소수의 야심가들인데, 그들의 야심을 견제하는 데는 여러 가지 수단이 있고 그렇게 어려운 일은 아니다.

군주가 경멸 받는 것은, 변덕이 심하고 경박하고 유약하고 겁이 많고 결단력이 없어 보이기 때문이다. 이것은 배가 암초를 피하듯이 크게 경계해야만 한다. 그와 동시에 자신의 행동에서 위엄·용맹성·중후함·불굴의 의지가 배어나도록 노력해야 한다. 그리고 신하를 한 명씩 개인적으로 대할 때도 자신이 내린 결정을 철회할 수 없는 것으로 인식시켜야 한다. 또한 군주를 속이려 하거나 적당히 둘러대려는 생각을 갖지 못하도록 만들어야 한다.

그러한 평판을 확보한 군주만이 사람들의 존경을 받는다. 그리고 뛰어난 인물로서 신하들의 존경을 받는다고 알려진 군주에게 음모를 꾸미거나 공격을 가하는 일은 대단히 어렵다. 대개 군주는 두 가지 걱정을 갖고 있는데, 첫째는 신민이 일으키는 국내적인 사건이고 둘째는 외부 세력이 일으키는 외환(外患)이다. 후자의 경우는 강한 군대와 믿음직한 동맹국이 있으면 막을 수 있다. 우선 좋은 군대를 갖추어 놓으면 반드시 좋은 동맹국이 따라온다. 게다가 외교관계가 안정되어 있으면, 내란이 발생한 상황만 아니면 국내는 항상 안정을 얻을 수 있다. 설사 외부적으로 문제가 발생해도 위에서 말한 것처럼 군주가 확고하게 흔들림 없이 의지가 탄탄하면 어떤 기습공격이라도 방어해 낼 수 있을 것이다. 앞에서(제9장) 말한 스파르타의 나비스의 경우를 보면 알 수 있다.

그리고 신민에 관해 말하자면, 국외정세가 소란스럽지 않을 때 은밀히 음모를 꾸미는 자들이 있는지 신경을 써야 한다. 군주가 신민에게 미움을 사지 않고 경멸 받는 일을 피하고 인민이 군주의 정치에 만족하면 안심할 수가 있다. 이미 앞에서(제17장) 길게 거론했으니 반드시 실천하시길 바란다.

하여튼 군주가 반란을 방지할 수 있는 가장 효과적인 대책은 인민으로 부터 신뢰를 쌓는 것이다. 왜냐하면 반란을 일으키는 자는 군주를 살해하면 인민이 만족해 할 것이라 믿고 저지르는 것이다. 그런데 군주의 죽음이 인민의 분노를 야기시킨다는 것을 알게 되면 반란자는 너무나 당황스러울 것이다. 이런 사실을 아는 자는 반란을 일으키지 못한다.

지금까지의 경험을 보면 반란은 가끔씩 일어나지만 성공한 반란은 거의 없다. 왜냐하면 반란 주모자는 혼자서 일을 벌일 수 없다. 그러면 그가 우군으로 포섭할 수 있는 사람은 불평분자에 한한다. 그래서 그 불평분자에게 본심을 털어놓는 것은 곧 그를 만족시킬 어떤 이익을 줘야 한다. 우군이 되어주는 대신 상당한 보상을 요구할 것은 뻔한 일이다. 그렇게 해서 한편에는 불평분자가 군주에게 음모를 폭로하면 확실한 이익을 챙길 수 있는데 반해, 다른 한편 반란자에게 붙으면 성공 가능성의 의문과 너무나 커다란 위험이 있음을 고민하게 된다. 그런 상황에서 반란자의 동료가 된다는 것은 군주의 철천지원수이며 반란자에겐 둘도 없는 친구임을 의미한다. 그래서 이야기를 다시 정리해보면, 반란자 측에는 끔찍한 처벌에 대한 근심과 공포와 불확실한 이익이 존재하는데 반해, 군주 측에는 군주라는 지위가 주는 위엄과 국가를 지탱하는 법률, 군대와 동맹국 등이 군주의 몸을 보호하고 있다. 이런 상황에 추가하여 인민의 두터운 신망까지 더해진다면 아무리 무모한 반란자라 해도 일을 저지르는 것은 도저히 생각하기 어렵다. 반란자는 그렇지 않아도 일을 저지를 때 공포에 휩싸이게 되며 만일 인민들까지 적으로 돌린다면 반란을 일으킨 후 몸을 숨길 은신처를 찾기도 어려워진다.

이런 경우는 실제 사례를 무수히 찾아볼 수 있다. 하지만 여기에선 우리 선대에 일어난 사례를 들어 보겠다. 현 안니발레 영주의 조부(祖父)로서 과거 볼로냐의 군주였던 안니발레 벤티볼리오 공은 칸네스키 가문의 반란에 의해 암살당했는데 (1445년 6월) 인민들이 즉시 봉기하여 칸네스키 일족을 모조리 학살했다. 벤티볼리오 가문에서 살아남은 것은 요람에 누워 있던 아기 조반니 뿐이었다. 그런 봉기가 일어난 이유는 벤티볼리오 군주에 대한 인민들의 지지가 두터웠다는 것 말고는 설명할 수가 없다. 당시 인민의 신뢰는 아주 대단한 것이었다. 안니발레의 사망 후 볼로냐를 통치할만한 인물이 그 가문에 남아있지 않았다. 그저 풍문으로 피렌체에서 대장장이의 아들이라는 인물(산테 벤티볼리오 1426~1462 볼로냐 시민들의 추대를 받고 군주의 지위에 올라 현군으로 이름을 남김)이 실은 벤티볼리오 가문의 혈육이라는 이야기가 떠돌았다. 그래서 볼로냐 시민들은 그를 피렌체에서 데려다가 권력을 맡겼다. 그리고 위에서 말한 조반니 전하가 국정을 맡을 수 있는 연령이 될 때까지 그곳을 통치했다(1445~1462). 이런 사례에서 내가 얻은 결론은, 인민이 군주에게 호감을 갖고 있다면 반란 따위는 걱정하지 않아도 된다는 것이다. 하지만 인민이 적개심을 품고 증오심을 갖게 되었다면 모든 일에서 모든 사람에 대하여 경계를 해야만 한다.

그러므로 질서가 잡힌 나라나 현명한 군주는 귀족들을 막다른 곳으로 몰지 않고 인민들은 만족하고 살아가도록 애를 쓴다. 이것이 군주가 해야 할 일 중 가장 중요한 점이다. 오늘날 이렇게 질서가 잡히고 통치가 잘 이루어지는 나라를 꼽으라면 프랑스를 들 수 있다. 프랑스에는 국왕의 자유와 안전의 근거가 되는 수많은 훌륭한 제도가 갖춰져 있다. 그 중에서도 최고는 고등법원과 그 권위이다. 본래 이 나라의 제도를 세운 사람은 귀족들의 야심과 횡포를 잘 알고 그들의 행동을 통제하기 위해 입에 재갈을 물려야 한다고 생각했다. 그리고 인민은 귀족에게 두려움과 증오심을 갖고 있음을 알고 있어서 인민을 보호하려고 했다. 하지만 군주가 인민에게 너무 관심과 애정을 가지면 귀족의 미움을 사고 반대로 귀족을 편애하면 인민의 미움을 사게 된다. 그래서 그런 일을 피하기 위해 중립적인 제3의 심판 기관을 만들어 국왕이 책임지는 일 없이 귀족을 통제하고 약자들을 보호하려고 했다. 실제로 왕과 국가를 지키는 기관으로서 이렇게 훌륭하고 이렇게 용의주도한 제도는 없을 것이다.

여기에서 또 한 가지 매우 중요한 사실을 도출해낼 수 있다. 그것은 군주가 은혜를 베푸는 역할은 직접해야 하고 미움을 받게 되는 악역은 타인에게 떠넘기면 된다는 것이다. 거듭 결론을 강조하겠다. 군주는 귀족들을 존중하고 인민들의 미움을 사지 않도록 노력해야 한다.

여기에서 고대 로마 황제들의 생애와 죽음을 생각해보면 많은 이들이 내 견해에 이의를 제기할 지도 모른다. 왜냐하면 로마 황제 중에는 항시 훌륭한 생활을 하고 의연하게 위대한 능력을 펼쳐 보였음에도 불구하고 권력의 자리를 잃거나 야심적인 부하의 반란에 의해 살해당한 경우가 여러 명 있었기 때문이다. 이런 반론에 답하기 위해 나는 몇 명의 황제의 자질을 언급하고 그들의 파멸 원인을 밝힘으로써 내가 말한 주장에 모순이 없음을 증명하겠다. 덧붙여 당시 사람들의 행적을 연구하는 분들에겐 주목할만한 여러 사실을 얘기해 보겠다.

나는 이 대목에서 철학자 황제 마르쿠스 아우렐리우스 (Marcus Aurelius 121~180)에서부터 막시미누스 황제에 이르기까지 권좌에 오른 황제들의 모든 경우를 예로 들면 충분할 것이다. 그러니까 그들 역대 황제는 마르쿠스, 그 아들 콤모두스, 페르티낙스, 율리아누스, 세베루스, 그의 아들 안토니누스 카라칼라, 마크리누스, 헬리오가발루스, 알렉산데르 그리고 막시미누스 황제를 검토해 보겠다. 여기에서 먼저 알아둬야 할 점은 다른 군주국에서는 귀족의 야심과 인민의 무례함만을 상대하면 되었지만 로마 황제들의 경우에는 또하나의 문제인 병사들의 난폭성과 탐욕을 다루어야 했다. 이것은 해결하기 힘든 문제였기 때문에 많은 황제들이 파멸의 원인이 되기도 했다. 군대와 인민을 동시에 만족시키는 것은 지극히 어려운 일이었던 것이다. 왜냐하면 인민은 평온함을 좋아하여 온건한 군주를 원하지만 병사들은 호전적인 집단이라 잔인하고 난폭하고 욕심이 있는 군주를 바라기 때문이다. 게다가 그런 행위를 인민의 부담으로 실행해주기를 그들은 바랐다. 자기들의 급여를 두 배로 올려주고 게다가 자기들의 탐욕과 잔인성과 울분을 풀기 위해서였다.

그렇기 때문에 타고난 자질이나 능력이 부족하여 두 세력(군대와 인민)을 충분히 제어하지 못한 황제는 반드시 몰락했다. 그리고 많은 황제들 특히나 제위에 오른 지 얼마 안 되는 황제들은 두 세력을 제어해야 하는 난제에 부딪쳐 병사들을 만족시키는 일을 우선시 하고 인민에게 고통을 주는 부분에 대해 배려가 없었다. 그런 선택은 필연적이었다. 황제가 모든 계층에게 미움을 받지 않고 통치하는 것은 어려운 일이므로,

우선 세력이 강한 계층에게 미움을 받지 않도록 노력하게 된 것이다.

그리하여 신생 군주이기 때문에 특히 강력한 지지를 얻는 것이 절실히 필요했다. 그래서 인민보다는 군대의 편에 서게 되었다. 이런 선택이 과연 황제에게 바람직한 것인지는 황제의 인기가 병사들 사이에서 어느 정도인가에 달려있었다.

앞에서 언급한 여러 가지 이유 때문에 마르쿠스나 페르티낙스, 알렉산데르는 모두 겸허한 생활을 했고 정의를 사랑하고 잔혹함을 기피했으며 인간미가 있고 자비로웠지만 결국 비참한 최후를 맞이했다. 다만 마르쿠스 황제만이 예외로서 홀로 영예로운 일생을 보내고 서거했다. 마르쿠스는 세습적으로 황제 지위를 물려받았기 때문에 자신의 지위를 군대나 인민에게 인정받을 필요가 없었기 때문이다. 게다가 그는 많은 훌륭한 덕성을 갖추어 사람들의 존경을 한 몸에 받았고, 군대와 인민 양측을 잘 통제하여 미움을 사거나 경멸을 받는 일이 없었다.

그런데 페르티낙스(Pertinax 재위 193~193)는 군대의 뜻에 반하여 제위에 오른 인물이었다. 게다가 병사들은 콤모두스 치하에서 자유분방한 생활에 익숙해져 버린 상황이었다. 그런데 갑자기 페르티낙스가 병사들에게 절도 있는 생활을 하도록 강요하자 병사들은 그것을 견딜 수 없었다. 황제는 그렇게 미움을 샀을 뿐 아니라 노령의 나이 때문에 경멸을 받기도 했다. 그리하여 그의 통치는 초기에(3개월 만에) 파탄을 맞이했다.

그런데 여기에서 명심해야 할 점은 타인의 미움을 사는 것은 악행뿐만 아니라 선행도 그럴 수 있다는 점이다. 그러므로 이전에(제17장) 언급했듯이 군주가 국가를 유지하려면 때때로 좋지 않은 행동도 해야만 한다. 왜냐하면 당신이 군주의 자리를 지키기 위해서 도움을 받아야 하는 집단이(인민이든 군대든 귀족이든) 만일 부패해 있다면 당신도 그들의 기분을 맞춰주기 위해서는 나쁜일이지만 그 분위기에 맞게 행동해야 나라의 질서를 유지할 수 있다.

다음으로 이야기를 알렉산데르로 옮겨 보자. 이 황제는 지극히 선량하여, 특히 그의 14년 치세 동안 한 사람도 재판을 받지 않고 처형당한 사례가 없었다는 것으로 칭송을 받았다. 하지만 한편으론 유약한 성격에 어머니가 대신 통치를 행사한다는 소문으로 경멸을 받고 결국엔 군대의 반란이 일어나 피살당하고 말았다.

한편 콤모두스, 세베루스, 안토니누스 카라칼라와 막시미누스의 성품을 고찰해 보자. 그들은 모두 잔인하고 탐욕스러웠다는 공통점이 있다. 군인들을 만족시키기 위해 인민들에게 온갖 잔혹한 짓을 저질렀으며 결국 세베루스를 제외하고 모두 비참한 최후를 마치고 말았다. 왜냐하면 세베루스(Septimius Severus 145~211)는 대단한 능력의 소유자였기 때문에 인민들을 탄압했지만 병사들을 자기 편으로 유지함으로써 마지막까지 훌륭하게 통치할 수 있었기 때문이다. 그 배경에는 그의 능력이 병사들과 인민들의 눈에 정말 경탄할만한 인물로 각인되었고, 인민들에겐 망연자실한 기분이었고 병사들은 그를 존경하고 만족한 기분으로 바라보았다. 이 황제는 신생 군주로서 탁월한 정치력을 발휘했는데, 그가 얼마나 능란하게 여우와 사자의 역할을 구사했는지 설명해보고 싶다. 앞에서도(제18장) 서술한 바와 같이 이 두 가지 역할이야말로 군주가 반드시 갖춰야 할 능력이다. 세베루스는 애당초 율리아누스 황제의 무능함을 경험했기 때문에 당시 자기 지휘하에 있던 슬라보니아(아드리아 해의 동부 연안)에 주둔한 군대를 설득하여 로마로 진군하도록 했다. 친위대 병사에게 피살당한 페르티낙스의 복수를 위해서라고 명분을 밝혔지만, 물론 그것은 핑계에 불과했고 자기가 황제의 지위를 노리고 있다는 본심은 조금도 노출하지 않았다. 그의 출격이 알려지기도 전에 그는 이미 이탈리아에 돌아와 있었다. 그는 로마에 도착하자 두려움에 사로잡힌 원로원은 그를 황제로 선출하고 율리아누스를 처형했다.

이렇게 일을 시작한 세베루스는 제국 전체를 통치하고 싶었는데 우선 두 가지 난제가 있었다. 하나는 아시아(중동) 문제로서 아시아 지역 사령관인 페스케니우스 니게르가 군대를 이끌고 스스로 황제라 칭하고 있었다. 또 하나는 서쪽에서 알비누스가 역시 황제 자리를 넘보고 있었다. 그래서 세베루스는 양대 세력을 동시에 적으로 삼으면 위험하다고 판단하고 우선 니게르를 직접 공격하고 알비누스는 속여놓기로 했다. 우선 후자에게 편지를 보내어, '본인은 원로원으로부터 황제로서 추천을 받았다. 하지만 이 중책을 그대와 함께 맡기를 원하여 그대에게 카이사르라는 칭호를 보낸다. 원로원의 의결에 따라 그대와 나는 동등한 역할을 부여 받았다'라고 전했다. 알비누스는 그 이야기를 그대로 믿었다. 그동안 세베루스는 니게르와의 싸움에서 승리하여 그를 죽이고 동부 지역을 평정하고 로마로 귀환했다. 그 다음 세베루스는 원로원에서, 자기가 알비누스에게 은혜를 베풀었으나 감사하기는커녕 교활하게도 자기를 죽이려고 노렸기 때문에 배은망덕한 자를 응징하기 위해 출병하겠다고 발표했다. 그렇게 하여 프랑스로 출병하여 알비누스를 공격하여 그의 영지와 목숨을 빼앗았다.

세베루스의 전략을 자세히 살펴보면 그가 사납기 짝이 없는 사자이면서 동시에 교활하기 짝이 없는 여우라는 것을 알 수 있다. 그는 모든 사람들에게 경외의 대상이었고 군대의 미움을 받지도 않았다. 그랬기 때문에 신생 군주이면서도 그가 거대 제국을 통치하고 위세를 떨쳤다는 것이 이상하지 않다. 그를 둘러싼 엄청난 위세와 명성이, 그의 탐욕으로 인해서 그에게 초래할 수 있는 인민의 분노로부터 그를 보호해준 것이다.

다음으로 그의 아들 안토니누스(Antoninus 별명 카라칼라 황제, 재위 211~217) 역시 걸출한 능력의 소유자로서 인민들에게 경이로운 인물로 보였고 군인들에게도 호감을 얻었다. 왜냐하면 그는 어떤 고난도 견디어낼 수 있는 무인 성품으로 호화로운 음식이나 어떠한 유약함도 거부하는 성격이었기 때문이다. 병사들은 모두 그러한 황제를 존경하고 사랑했다. 그런데 그의 용맹성과 잔인성은 도가 지나쳐서 전대미문의 수준이었다. 수많은 사람들을 살해하고 로마의 시민 대다수와 알렉산드리아의 주민을 모두 학살해버리기도 했다. 그 결과 온 세상 사람의 증오를 사게 되었다. 그래서 측근에게도 두려움의 대상이 되어 급기야 자신의 군대 가운데에서 근위대장(마르키누스)의 손에 살해당했다.

이 사건에서 명심할 점은 집념을 가진 어떤 인간이 살의를 품으면 군주조차도 피할 방법이 없다는 것이다. 죽음을 두려워하지 않는다면 누구라도 상대에게 타격을 가할 수가 있기 때문이다. 그렇지만 이런 사례는 좀처럼 일어나는 일이 아니므로 군주는 두려워할 필요가 없다. 다만 자신을 모시는 측근이나 정치에 참여하는 측근들에게 심각한 모욕을 주지는 않도록 조심할 필요는 있다. 예를 들면 안토니누스가 범한 잘못이 그런 일이었다. 그는 근위대장의 형제를 모욕하고 가차없이 살해했다. 게다가 그 근위대장을 날마다 협박했는데 그럼에도 불구하고 그에게 자신의 신변 호위를 맡긴 실책을 저지른 것이다. 너무나 무모하고 파멸을 초래하는 행동이었다. 그리고 실제로 그렇게 되고 말았다.

그러면 콤모두스 황제(Commodus 재위 180~192)를 살펴보

자. 그는 마르쿠스 황제의 아들로서 제위를 물려받았기 때문에 그 지위를 유지하기가 손쉬웠다. 말하자면 부친의 행적을 그대로 따라가면 충분했다. 그렇게 하면 군인이나 인민을 만족 시킬 수 있었을 것이다. 하지만 그는 잔혹하고 짐승 같은 성품의 소유자였다. 그래서 인민들을 희생양으로 삼아 자신의 탐욕을 채웠다. 병사들에겐 방탕하게 행동하는 것도 허용했다. 그 외에도 황제로서 위엄을 지키지 않고 자주 투기장에 내려가 검투사를 상대로 싸우기도 했다. 그렇게 황제의 품위에 어울리지 않는 수많은 야비한 행동을 저질렀다. 그 때문에 병사들에게 경멸을 받게 되었고 또 다른 이들에겐 증오를 받게 되어, 결국 반란을 초래하여 피살되었다.

이제 남은 이야기는 막시미누스 황제(Maximinus Thrax 재위 235~238)에 관한 것이다. 그는 정말로 호전적인 인물이었다. 그래서 내가 이전에 언급한 것처럼, 유약한 알렉산데르 황제를 거부한 군대가 그를 살해하고 이 인물을 황제로 선택한 것이었다. 그러나 이 인물도 황제의 지위를 오래 유지하지는 못했다. 두 가지 일이 그를 미움과 경멸의 대상으로 만들었기 때문이다. 첫째는 그가 미천한 신분 출신으로 트라키아 지방에서 양치기를 했다는 사실이 모든 사람들에게 알려졌고 엄청난 경멸을 받아야 했다. 둘째는 그가 처음 로마 황제의 자리에 오를 때 당연히 로마에 가서 제위에 올라야 하는데 그것을 지연시켰다. 게다가 그동안 자신의 지방장관들이 로마와 제국 각지에서 잔학 행위를 저질러 잔인성으로 악명을 얻게 되었다. 그렇게 해서 사람들은 그의 보잘것없는 혈통을 경멸하고 그의 잔학 행위를 증오하게 되었다. 처음엔 아프리카가 등을 돌렸다. 다음은 원로원이 로마의 전 인민과 함께 반기를 들었다. 급기야는 전 이탈리아가 반란을 일으켰다. 게다가 황제의 군대마저 한몫 거들었다. 즉 아퀼레이아 공략을 맡고 있던 군대가 오래 지속된 포위전에 지친 나머지 황제에 대한 불만이 폭발한 것이다. 병사들은 반대세력이 너무나 많은 것에 고무되어 별 두려움 없이 황제를 죽이고 말았다. 헬리오가발루스, 마크리누스 그리고 율리아누스는 모두 심한 경멸을 받았고 통치 초기에 암살되었기 때문에 굳이 논의할 필요도 없다. 그러면 이제 결론으로 들어가고 싶다. 생각해 보건대 지금 시대는 군주가 옛날처럼 병사들을 만족시키느라 과도한 수단을 동원할 필요는 없다. 물론 근자에도 병사들에 대한 배려는 필요하다. 하지만 지금 시대엔 고대 로마제국의 군대와 같은, 각 지역의 통치와 행정과 일체화된 군대가 아니기 때문에 그런 문제는 곧 해결할 수가 있다. 그리고 당시엔 인민보다 병사들이 더 큰 권력이 갖고 있었기 때문에 인민보다 병사들의 환심을 사는 것이 당연했다. 하지만 오늘날엔 투르크나 회교 군주국(이집트)을 제외하고 어떤 나라든 병사보다는 인민들이 더 권력을 갖고 있으므로 군주는 인민들을 더 만족시키려고 노력한다.

투르크를 제외한 이유는 그곳 왕은 항시 1만 2천의 보병과 1만 5천의 기병의 보호를 받고 있어서 국가의 안전과 국력은 그들 병사에 달려 있기 때문이다. 그러므로 다른 어떤 세력보다 군대를 우선적으로 배려해 줘야 한다. 회교 군주국도 역시 마찬가지로 모든 것이 군대의 수중에 있으므로 국왕(술탄)은 인민보다는 군대를 중시할 수밖에 없다. 하지만 이러한 술탄의 나라는 다른 군주국과는 다른 점이 있음을 주목해 주길 바란다. 이들 나라는 세습 군주국이나 신생 군주국이라고 부를 수 없으므로 기독교 지역의 교황국과 유사하다. 즉 군주의 자식이 군주 계승자가 되는 것이 아니라 선출 권한을 가진 사람들에 의해 선택된 자가 군주의 자리에 오르는 것이다. 이 제도는 옛날부터 이어져 오고 있으므로 신생 군주국이라고 할 수가 없다. 게다가 신생 군주국이 직면하는 문제점을 조금도 찾아볼 수도 없다. 군주는 새로운 인물일지라도 국가의 제도가 오래되었기 때문에 세습 군주를 맞이하는 것과 같은 모양이다.

그러면 다시 본래 주제로 돌아와 보자. 지금까지 논의한 부분을 잘 생각해보면 위에서 거론한 황제들의 파멸의 원인이 증오와 경멸에 있었음을 인정하게 될 것이다. 그와 동시에 그 황제들 어떤 이들은 겸허하게 처신했고 어떤 이들은 잔혹하게 처신했지만, 어떻게 처신했든 간에 성공한 군주가 있는가 하면 비참한 최후를 맞이한 군주도 있었다.

요컨대 페르티낙스와 알렉산데르는 신생 군주였기 때문에, 세습적으로 계승한 마르쿠스처럼 처신해서는 도움이 되지 않는다. 마찬가지로 카라칼라나 콤모두스나 막시미누스가 세베루스를 흉내내 봤자 세베루스만큼의 능력을 갖추고 있지 않은 이상 위험하기 짝이 없는 일이다. 따라서 신생 군주국의 군주는 마르쿠스의 행동을 모방해도 도움이 되지 않으며 그렇다고 세베루스의 행동을 추종할 필요도 없다. 그렇지만 세베루스에게선 국가의 기초를 세우기 위한 방책을 배울 수 있고 마르쿠스에게선 이미 흔들림 없이 확고한 국가를 유지해 나가는데 적절하고 영광스러운 방책을 배워야 할 것이다.

군주가 가장 큰 미움을 사는 일은 무엇일까? 국민들의 재산이나 부녀자를 탐하고 강탈하는 일이다. 세상 대다수의 사람들은 재산이나 명예만 빼앗기지 않으면 그런대로 만족하며 살아가는 것이다.

군주가 경멸 받는 것은 변덕스럽고 경박하며 유약하고 겁이 많고 결단력이 없기 때문이다. 군주는 배가 암초를 피하듯이 항상 경계해야 하고 자신의 행동에서 위엄, 용맹성, 중후함, 불굴의 의지를 보여 주어야 한다. 그리고 국민을 한 명씩 개인적으로 대할 때는 자신이 내린 결정은 철저히 이행하도록 해야 한다. 또한 군주를 속이려 하거나 적당히 둘러대려는 생각을 갖지 못하도록 해야 한다.

내부 음모에 대한 최선책은 뛰어난 인물로 평판을 확보하고 국민들의 존경을 받으면 음모를 꾸미거나 공격하는 것은 쉽지 않을 것이다.

군주는 대개 두 가지 걱정을 갖고 있다. 하나는 국

민이 일으키는 국내적인 사건이고 또 하나는 외부세력이 일으키는 것이다. 후자의 경우는 강한 무력을 갖추어 놓으면 반드시 뛰어난 지원자들이 항상 몰려들게 마련이고 방어할 수 있다.

군주가 반란을 방지할 수 있는 가장 효과적인 대책은 국민으로부터 신뢰를 쌓는 것이다. 왜냐하면 반란을 일으키는 세력은 군주를 제거하면 국민이 만족해할 것이라 믿고 저지르는 것이다. 그런데 군주의 죽음이 국민의 분노를 야기 시킨다는 것을 알게 되면 반란을 일으킬 수 없다.

지금까지의 경험을 보면 반란은 가끔씩 일어나지만 성공한 반란은 거의 없다. 왜냐하면 반란 주모자는 혼자서 일을 벌일 수 없기 때문에 그가 우군으로 포섭할 수 있는 사람은 불평분자에 한한다. 만약 불평분자가 군주에게 음모를 폭로하면 확실한 이익을 챙길 수 있는데 반해 반란자에게 붙으면 성공 가능성의 의문과 너무나 커다란 위험이 따른다.

군주라는 지위가 주는 위엄과 국가를 지탱하는 법률, 군대와 동맹국 등이 군주의 몸을 보호하고 있다. 여기에 국민의 두터운 신망까지 더해진다면 아무리 무모한 반란자라 해도 음모를 꾸미는 것은 불가능하다. 그러므로 현명한 군주는 귀족들을 막다른 곳으로 몰지 않고 인민들이 안심하고 살아갈 수 있도록 노력해야 한다.

국가의 제도를 세운 사람들은 귀족들의 야심과 횡포로 인민이 귀족에게 두려움과 증오심을 갖고 있음을 알고 인민을 보호하려고 했다. 하지만 군주가 인민에게 너무 관심과 애정을 가지면 귀족의 미움을 사고 반대로 귀족을 편애하면 인민의 미움을 사게 되므로 군주가 은혜를 베푸는 역할은 직접 해야 하고 미움을 받게 되는 악역은 타인에게 떠넘기면 된다는 것이다. 거듭 결론을 강조하자면 군주는 귀족을 존중해야 하지만 인민들의 미움을 사지 않도록 노력해야 한다.

군주가 국가를 유지하려면 때로는 나쁜 행동도 해야만 하는 경우도 있다. 왜냐하면 군주의 자리를 지키기 위해서 도움을 받아야 하는 집단이(인민, 군대, 귀족) 있다면, 나라의 질서를 유지하기 위해서 나쁜 일이지만 그 분위기에 맞게 행동해야만 하는 경우가 많다.

군대와 인민을 동시에 만족시키는 것은 지극히 어려운 일이다. 타고난 자질이나 능력이 부족하여 두 세력(군대와 인민)을 충분히 제어하지 못한 군주는 반드시 몰락했다. 군주가 모든 계층에게 미움을 받지 않고 통치하는 것은 어려운 일로, 우선 세력이 강한 계층에게 미움을 받지 않도록 노력해야 한다.

제20장
군주가 흔히 권력을 유지하려고 벌이는
성채 구축 등은 도움이 되는가

군주들 중에는 권력을 확고히 유지하려고 신민을 무장 해
제시키는 자도 있고, 정벌한 도시를 분열 상태로 두는 자도
있다. 개중에는 또 자신에 대한 외적의 위협을 이용하는 군주
도 있고 자신의 정권 초기에는 의심스러웠던 자들을 우군으
로 포섭하는 군주도 있다. 또한 성채를 구축하는 자도 있고
파괴해버리는 자도 있다. 그러한 갖가지 대책에 관하여 일정
한 판단을 내리기 위해서는 각각의 군주가 그러한 결단에 이
르게 된 그 나라의 사정을 고려해 봐야 할 것이다. 하지만 논
제가 허용하는 범위 내에서 총괄적으로 논해 보겠다.

　먼저 신생 군주가 된 사람 중에 신민의 무장을 해제한 경

우는 지금까지 전혀 없었다. 오히려 신민이 비무장인 경우에 신생 군주는 반드시 그들을 무장시켰다. 그들을 무장시키면 그 병력이 그대로 당신의 것이 되기 때문이다. 게다가 당신에게 의심을 품었던 자들도 당신에게 충성스러워지고 원래 충성을 맹세한 자들은 그대로 믿을 수 있어서 신민은 당신의 지지자로 바뀐다. 가령 신민 전체를 무장시킬 수 없을 때는 무장시킨 일부 사람들에게만 특별히 은혜를 베풀면 나머지 사람들에 대하여 더욱 안심할 수가 있다. 게다가 무장한 자들은 자신들이 받는 혜택을 생각하고 당신에게 더욱 은혜를 느낄 것이다. 한편 나머지 사람들은 무장한 자들이 안고 있는 위험 부담과 무거운 책임을 고려하여 그러한 혜택을 당연하다고 인정하고 당신에 대해 불만을 갖지 않을 것이다.

반대로 당신이 신민의 무장을 해제시키면 그들의 감정을 다치게 하는 것이다. 요컨대 당신이 신민을 경계하는 것은 두려움 때문이거나 믿지 못해서라는 자기 감정을 노출시키는 것이다. 어떻게 추측을 하든 그들은 당신에 대해 증오심을 갖게 된다. 그래서 군주에게 방어수단이 필요하므로 용병을 고용하지 않을 수 없다. 하지만 앞에서(제13장) 설명한 바와 같이 용병이란 아무리 우수해도, 강력한 적이나 충성이 미심쩍은 신민으로부터 절대로 당신을 지켜주지 못한다. 그래서 앞에서 말한 바와 같이 새로운 국가를 세운 신생 군주는 반드시 신민을 무장시켜 군대를 조직했다. 역사에는 이러한 사례가 허다하다. 그런데 기존의 영토에 새로운 영토를 병합했을 경우를 생각해보자. 그런 병합에 공로가 있는 우군을 제외하고 새 영토의 모든 주민은 무장 해제시켜야 할 필요가 있다. 그리고 그 우군이었던 자들도 기회가 되면 세력을 약화시켜야 할 필요가 있다. 이렇게 당신은 자국의 군 병력중에서 당초부터 당신의 측근에서 봉사해 온 병사들에게 힘을 집중시켜줘야 한다.

우리(피렌체인을 의미)의 선조와 현자로서 추앙 받아온 분들은 입버릇처럼 이렇게 말했다. 피스토이아(이탈리아 토스카나 지방의 도시)는 파벌로 분할하여 다스리고 피사는 성채를 이용하여 다스려라. 그리고 이런 전략에 따라서 그들은 자신들이 지배한 영지를 손쉽게 통치할 수 있도록 여러 가지로 갈등을 조장했다. 이러한 전략은 이탈리아가 어느 정도 세력의 균형이 유지되는 시대에 효과적이었을 것이다. 하지만 오늘날에는 그대로 통용되지 않는다고 생각한다. 왜냐하면 이러한 내분이 전체적으로 도움이 되지 않는다고 보기 때문이다. 세력이 약한 쪽이 필경 외국 세력을 끌어들이면 강한 세력이 자력으로 그에 맞서지 못하게 된다. 그러한 내분이 있는데다가 적이 쳐들어오면 영토를 빼앗기고 마는 것이다.

앞에서 언급한 이유로 베네치아 공화국은 지배하는 여러 도시에서 겔프(교황파)와 기벨린(황제파)이라는 파벌을 조성했다. 베네치아는 파벌간의 유혈 사태가 일어나는 것은 막았지만 파벌간의 대립을 부추겼다. 그 이유는 시민들이 파벌의 대립에 휩쓸려 자신들에게 단결하여 대항하지 못하도록 하기 위함이었다. 하지만 아시다시피 이것은 베네치아 공화국의 의도대로 흘러가지 않았다. 베네치아가 바일라와의 싸움에서 패배하자 일부 도시들이 대담하게도 반란을 일으켰다(베네치아의 지배를 벗어나 막시밀리안 1세와 루이 12세의 지배를 택했다).

그러니까 이러한 분열 전략은 군주의 약점을 보여주는 것밖에는 안 된다. 강대한 군주국은 그러한 분열책을 절대로 허용하지 않는다. 왜냐하면 평화시에는 그런 수단으로 주민을 편하게 다룰 수 있지만 일단 전쟁이 일어나면 그런 전략은 명백한 실패를 가져온다.

그러니까 자신에게 닥친 고난과 저항을 극복하면 군주가 위대해진다는 것은 틀림없다. 그래서 운명(의 여신)은 신생 군주를 거물로 만들려고 할 때, 그들은 세습 군주와 달리 명성을 얻어야 할 필요성 때문에 그들에게 적을 마련하여 싸움을 강요한다. 요컨대 신생 군주에게 극복할 기회를 부여하고 적들이 가져온 사다리를 타고 척척 올라가도록 만드는 것이다. 그러니까 현명한 군주는 기회가 찾아오면 권모술수를 써서라도 일부러 적대관계를 만들고 이것을 극복함으로써 세력 확대를 꾀하는 것이라고 많은 사람들이 말한다.

군주는 특히 신생 군주는, 정권 초기에 의심스러웠던 인물이 처음부터 신뢰했던 인물보다 더 충성심이 높고 쓸모 있다는 것을 알게 된다. 예를 들면 시에나의 군주 판돌포 페트루치(1500년에 군주가 됨)는 처음에 누구보다 더 의심스러웠던 인물들을 이끌고 나라를 통치했다. 하지만 이런 논의는 개별 사례의 사정이 다르므로 일괄적으로 말할 수가 없다. 그래도 확실히 말할 수 있는 것은, 정권 초기에 군주에게 적대적이었던 자들이라도 신변 상황 때문에 정권에 의존하지 않을 수 없는 경우, 군주가 그런 인물을 자기 편으로 포섭하는 것은 매우 쉬운 일이라는 점이다. 그들은 이전에 품었던 불온한 의심을 실제 행동으로 해소시킬 필요가 있으므로 군주를 위해서 대단한 충성심을 보여줘야 했다. 그래서 자기 자리가 안정되어 군주를 위해서 별로 마음을 쓰지 않는 인물보다 그러한 인물에게서 군주는 더 큰 이익을 취할 수가 있는 것이다.

그리고 나로서는 신생 군주가 반드시 명심해줬으면 하는 점이 있다. 적진의 내부 조력을 얻어 새로이 권력을 잡은 군주라면, 그러한 조력자들이 어떤 동기를 가지고 이쪽 편에 붙었는지 잘 생각해 봐야 한다는 것이다. 그러한 조력자들이 신생 군주에 대한 호의 때문이 아니라 단순히 이전 정권에 대한 불만 때문에 그렇게 움직인 것이라면 그들을 계속 우군으로 유지하는 일은 군주에게 대단히 어려운 일이다. 신생 군주 역시 그들의 기대를 만족시키기는 어려울 것이기 때문이다. 고대와 근래의 역사를 뒤적여 보면 신생 군주는 다음 사실을 이해해 주길 바란다. 이전의 정권에 불만을 가지고 그 때문에 신생 군주에게 호의를 보이고 그의 정권 수립에 힘을 보탠 사람들을 우군으로 끌어들이기보다는 이전 정권에 만족했고 신생 군주에게 적대감을 가진 사람들을 우군으로 만드는 것이 훨씬 쉽고 편한 길이다.

예전부터 군주는 국가를 더욱 안전하게 만들기 위해 흔히 성채를 쌓아 올렸다. 성채는 국내에서 반란을 꿈꾸는 자들에게 재갈이나 굴레로 작용하기도 하고 적의 습격에 대비한 안전한 피난처를 확보하기 위한 것이기도 했다. 이런 수단은 옛날부터 사용되어 왔으며 나도 찬성하는 바이다. 그런데 근래에 니콜로 비텔리 공이 정권을 유지하기 위해 고의로 치타디 카스텔로의 두 성채를 부숴버렸다. 우르비노의 공작 귀도 우발도는 예전에 체사레 보르자에게 자기 땅을 빼앗겼다가 나중에 되찾았을 때 그곳의 성채를 남김없이 무너뜨렸다. 성채가 없으면 다시는 나라를 빼앗기지 않을 것이라고 판단한 것이다. 벤티볼리오 가문도 볼로냐의 실지를 회복했을 때 동일한 조치를 취했다. 요컨대 성채는 때에 따라서 도움이 될 수도 있고 해로울 수도 있다. 결국 이 논란은 다음과 같이 정리할 수가 있다. 군주가 외적보다도 자국 인민을 두려워한다면 성채를 쌓아야 한다. 반대로 인민보다는 외적을 두려워한다면 성채를 쌓으면 안 된다. 예전에 프란체스코 스포르차는 밀라노에 성채를 쌓았는데 이것이 스포르차 가문에 있어서 국내의 어떤 소란보다도 분쟁의 원인이 되었고 앞으로도 그럴 것이다. 군주가 가질 수 있는 최선의 요새가 있다고 하면 그것은 인민에게 미움을 사지 않는 것이다. 왜냐하면 인민이 당신을 미워한다면 아무리 튼튼한 요새를 갖고 있어도 그것은 도움이 되지 않기 때문이다. 만일 인민이 무기를 들고 봉기하면 그들을 도와줄 외세가 반드시 나타날 것이다. 우리 시대에 군주가 가진 요새가 도움이 된 경우는 남편인 지롤라모 백작이 암살되었을 때 푸를리 백작부인의 경우가 유일한 예외일 뿐이다. 백작부인은 요새 덕분에 인민들의 추격을 벗어났고 밀라노의 원군을 기다렸다가 권력을 회복했기 때문이다. 게다가 당시엔 외부의 세력이 인민들에게 원조의 손길을 내밀 수 있는 상황이 아니었다. 하지만 그 후 체사레 보르자의 공격을 받았을 때는 그녀의 적인 성난 인민들이 외부의 적들과 손을 잡은 상황이라서 요새는 그다지 도움이 되지 못했다. 그러므로 당시에나 혹은 그 이전이나 성채를 갖고 있기보다는 인민들의 미움을 받지 않는 것이 그녀에겐 훨씬 안전한 보호막이 되었을 것이다. 따라서 이러한 사태를 전부 고려해본 결과 나로서는 성채를 쌓는 자나 쌓지 않는 자나 모두 찬사를 보내고 싶다. 하지만 성채를 신뢰한 나머지 인민들에게 미움받는 일을 가벼이 여기는 군주가 있다면 누구든 간에 나는 그를 비난하게 될 것이다.

신생 군주가 된 사람 중에 국민의 무장을 해제한 경우는 찾아볼 수가 없었다. 오히려 비무장인 경우에 신생 군주는 반드시 그들을 무장시켰다. 그들을 무장시키므로 당신에게 의심을 품었던 자들은 충성스러워지고, 원래 충성을 맹세한 자들은 계속해서 충성하고 당신의 지지자로 바뀐다.

신민 전체를 무장시킬 수 없을 때는 무장시킨 일부 사람들에게 특별히 은혜를 베풀면 무장한 자들은 자신들이 받는 혜택을 생각하고 더욱 더 은혜를 느낄 것이다. 한편 나머지 사람들은 무장한 자들이 안고 있는 위험부담과 무거운 책임을 고려하여 그러한 혜택을 당연하다고 인정하고 군주에 대해 불만을 갖지 않을 것이다.

반대로 군주가 무장을 해제시키면 신민을 경계하거나 두려움 때문이거나 충성심을 불신해서 무장 해제를 시켰다고 보아서 그들은 증오심을 갖게 되는 것이다.

새로운 지역을 병합했을 경우에는 병합에 공로가

있는 우군을 제외하고 새 지역의 모든 주민은 무장 해제시켜야 할 필요가 있으며 그 우군이었던 자들도 적절한 시기와 기회가 되면 세력을 약화시켜야 할 필요가 있다. 그리고 자국의 군 병력 중에서 처음부터 측근에서 봉사해 온 군대에게 힘을 집중시켜줘야 한다.

점령된 지역의 여러 파벌간의 유혈 사태가 일어나는 것은 막아야 하지만, 파벌간의 대립하도록 분열시키고 단결하여 대항하지 못하도록 하는 것이 그 지역을 다스리는데 효과적일수도 있다. 그러나 이러한 분열 전략은 평화시에는 유용하지만 일단 전쟁이 일어나면 그런 전략은 명백한 실패를 가져온다. 강력한 군주는 그러한 내부 분열책을 절대로 허용하지 않는다.

현명한 군주는 기회가 찾아오면 권모술수를 써서라도 일부러 적대관계를 만들고 이것을 극복함으로써 세력 확대를 꾀하고 위대한 명성을 얻는다.

신생 군주는 정권 초기에 충성심이 의심스러웠던 인물이 처음부터 신뢰했던 인물보다 더 충성심이 높고 쓸모 있다는 것을 알게 된다. 군주에게 적대적이었던 사람들은 이전에 품었던 불온한 의심을 실제 행동으로 해소시킬 필요가 있으므로 군주를 위해서 대단히 충성하기 때문에 유익한 것이다. 자기 자리가 안정되어 군주를 위해서 별로 마음을 쓰지 않는 인물보다 그러한 인물에게서 군주는 더 큰 이익을 취할 수가 있는 것이다.

적진의 내부 조력을 얻어 권력을 잡은 군주라면, 그러한 조력자들이 어떤 동기를 가지고 이쪽 편에 섰는지 잘 생각해 봐야 한다는 것이다. 그러한 조력자들이 신생 군주에 대한 호의 때문이 아니라 단순히 이전 정권에 대한 불만 때문 이었다면 그들을 계속 우군으로 유지하는 일은 대단히 어려운 일이다. 신생 군주 역시 그들을 완전히 만족시키기는 어려울 것이기 때문이다.

성채(요새)는 때에 따라서 도움이 될 수도 있고 해로울 수도 있다. 군주가 외부의 적보다 인민을 두려워한다면 성채를 쌓아야 한다. 반대로 인민보다는 외부의 적을 두려워한다면 성채를 쌓으면 안 된다.

　군주가 가질 수 있는 최선의 요새가 있다고 하면 그것은 인민에게 미움을 사지 않고 사랑받는 것이다. 인민이 당신을 증오한다면 아무리 튼튼한 요새를 갖고 있어도, 인민이 봉기하면 그들을 도와줄 외부 세력이 반드시 나타날 것이다.

제21장

존경받고 명성을 얻기 위해 군주는 어떻게 해야 하는가

군주가 명성을 높이려면 위대한 사업(전쟁)을 일으켜 스스
로 유례없는 모범을 보여주는 것이 가장 효과적이다. 우리 시
대에는 스페인의 아라곤 왕가의 페르난도가 훌륭한 사례이
다. 이 사람은 약소국의 왕에서 몸을 일으켜 기독교 세계에서
제일가는 명성과 영예를 차지했으니 그를 신생 군주라고 불
러도 무방하겠다. 그의 행적을 고찰해 보면 모든 업적이 위대
하고 그 중 어떤 것은 차원이 다른 대단한 수준임을 알 수 있
을 것이다. 그는 왕위에 오른 지 얼마 후 그라나다를 침공했
는데(1481년) 그 군사행동에 의해 왕국의 토대를 탄탄히 만들
었다. 정권 초기 정세가 평온하여 방해 받을 걱정이 없을 때

를 노려 전쟁을 일으킨 것이다. 말하자면 카스티야의 봉건 영주들의 관심을 이 전쟁에 집중시켜 그들이 반란을 꾀할 여력을 주지 않은 것이다. 그러는 동안에 명성을 높이고 영주들이 눈치채지 못하는 동안에 그들에 대한 지배권을 확고히 장악했다. 그는 로마 교회와 인민들에게서 얻은 자금으로 군대를 키우고 장기화 된 전쟁을 통해 군사력의 기초를 세우고 그 군사력이 나중에 그에게 명성을 가져다 준 것이다. 게다가 더 큰 전쟁을 일으키기 위해 종교를 이용하여 잔학행위를 저지르고 자신의 왕국에서 마라노(유대인과 무어인)들을 제거하고 재산을 빼앗았다. 역사상 이렇게 참혹한 만행은 없을 정도였다. 그리고 똑같은 명목으로 아프리카를 침공하고 이탈리아를 침략하고 근래에는 프랑스마저 공격했다. 이렇게 그는 계속해서 대사업(전쟁)을 준비하고 성공시켰다. 그동안 신민들의 마음은 들뜨고 경탄하며 사태의 추이에 마음을 빼앗기고 있었다. 그의 이러한 작전행동은 숨돌릴 틈도 없이 이어졌기 때문에 사람들에게 반격할 여유조차 주지 않았다.

또한 군주가 내정(內政)면에서 유례가 드문 비범한 사례를 보여주는 것은 유익한 일이다. 예를 들면 밀라노의 군주 베르나보 공작에 대해 세상 사람들이 말하는 것이 좋은 예다. 좋은 일이든 나쁜 일이든 누군가가 범상치 않은 일을 했을 때 세간에 화제를 일으키는 방식으로 그 사람에게 포상이나 처벌을 행했다. 요컨대 군주된 자는 모든 행동에서, 큰 인물이며 대단한 인물이라는 명성을 얻을 수 있도록 노력해야 한다.

그리고 군주는 자신이 우군인지 아니면 적대자인지, 다시 말하면 누구를 지지하고 누구를 적대시하는지 주저하지 않고 명확하게 선택한 자는 존경을 받게 된다. 어느 편인지 애매한 태도를 취하는 것보다 명확히 하는 것이 항상 이익이 된다. 왜냐하면 당신과 인접한 두 강국이 전쟁을 한다고 치자. 그러면 둘 중 하나가 승리를 차지할 것이다. 이 승리자는 당신에게 두려운 존재일 수도 있고 아닐 수도 있다. 어느 쪽이 되었든 당신은 자기 입장을 분명히 하고 당당하게 어느 쪽을 지원하는 것이 득이 된다. 승자가 당신에게 위협적인 경우 만일 당신이 태도를 분명히 하지 않으면 당신은 나중에 승자의 다음 먹잇감이 될 것이고 패자는 당신의 파멸을 고소하게 지켜볼 것이다. 그리고 당신은 무방비 상태가 되고 당신을 받아줄 상대도 없게 된다. 왜냐하면 이긴 측에겐 어려울 때 도와주지 않은 의심스러운 자는 동맹국으로서 불필요한 존재이고 패배한 측에겐 무기를 들고 자기와 운명을 함께하지 않은 당신을 받아들일 수가 없는 것이다.

고대 안티오코스는 아이톨리아인의 요청을 받아 로마인을 몰아내려고 그리스에 출병한 일이 있었다. 이전부터 로마인 편이던 아카이아인에게, 안티오코스는 사절을 보내서 중립을 지키라고 권유했다. 한편 로마인은 자기들을 도와서 무기를 들라고 설득했다. 그래서 이 문제로 아카이아인은 회의를 열었는데 그 자리에서 안티오코스 대표가 그들에게 중립을 요청하자, 로마의 대표가 반론을 펼쳤다. "저들이 말하는 대로 이 전쟁에 참전하지 않는다면 그것만큼 당신들의 이익에 반하는 행위는 없을 것이오. 이 전쟁에 당신들은 명성과 존경도 얻지 못하고 전쟁 승자의 먹잇감이 되고 말것이다."

어느 시대에든 우방이 아닌 쪽은 당신에게 중립을 요청하고 우방인 쪽은 당신에게 무기를 들어 동참하라고 요청할 것이다. 그래서 결단력이 부족한 군주는 대부분 당면한 위기를 회피하고 싶어서 중립의 길을 택하고 대부분 파멸의 길로 가게 된다. 그런데 군주가 과감하게 한쪽 편을 지원하는 선택을 할 때, 만일 당신의 동맹국이 승리하면 설사 그쪽이 강대국이고 당신이 약소국이라 해도 상대는 당신에게 은혜를 느끼고 우호관계를 유지할 것이다. 그리고 인간이란 그런 상황에서 배은망덕하게 협력자를 공격하기는 어려운 법이다. 게다가 전쟁에서 승리를 차지했다고 해도 모든 것을 무시할 수 있고 더우기 정의롭지 않게 행동해도 좋을 만큼 완벽한 승리는 있을 수 없다. 그리고 혹시 당신이 도운 편이 패했다 하더라도 그는 당신을 배려할 것이다. 힘이 닿는 한 당신을 응원해줄 것이다. 그래서 언젠가 찾아올 행운의 동반자가 되어줄 것이다.

다음은 두 번째 경우, 즉 인접한 두 강국이 싸우는데 어느 쪽이 이기든 당신에게 위협이 되지 않는 경우이다. 이런 경우에도 싸움에 참여하는 것이 현명한 선택이 된다. 왜냐하면 양측 중 어느 한쪽이 더 현명한 군주인 경우에 그를 돕는 것이 당연한 상황에서 당신은 그를 도와서 다른 편을 멸망시키는 셈이 된다. 그래서 전쟁에서 이기게 되면 도움을 받은 군주는 당신에게 은혜를 입은 것이 되어, 당신의 도움 덕분에 이겼다고 생각하고 당신의 말을 듣게 될 것이다.

여기에서 다시 한 번 조심해야 할 점은 이미 말한 것처럼, 상황이 어쩔 수 없는 경우가 아니라면 군주는 자기보다 강대한 자와 동맹을 맺고 제3자를 공격해서는 안 된다. 왜냐하면 설사 싸움에서 이기더라도 강한 군주의 수중에 들어가게 되어 동맹한 자의 영향력 아래 놓이게 되기 때문이다. 모름지기 군주란 타인에게 예속된 상태는 피해야만 한다. 베네치아인은 프랑스와 동맹을 맺고 밀라노 공작을 공격한 일이 있다. 그때 그들은 몰락의 원인이 되는 동맹관계를 피할 수도 있었는데, 그들은 그러한 동맹을 맺었고 결국은 자기 무덤을 판 셈이 되고 말았다. 반면에 동맹관계를 피할 수 없을 경우에는, 예를 들면 교황과 스페인이 합세하여 롬바르디아를 공격했을 때 피렌체 공화국의 입장처럼, 군주는 위에서 말한 이유 때문에 누군가와 손을 잡아야만 한다. 어떤 나라도 항상 안전한 정책만 선택할 수 있다고 믿어서는 안 된다. 오히려 항상 위험한 정책이라도 선택해야만 한다고 생각해야 한다. 세상의 이치상 하나의 역경을 피하려고 하면 또 다른 역경이 찾아오는 것은 필연이다. 그렇지만 여러 가지 문제의 특징을 파악하고 자신에게 피해가 가장 적은 것을 선택할 줄 아는 것이 현명함이다.

군주는 또한 재능 있고 유능한 인재를 등용하여, 자기분야에 재주에 뛰어난 자를 중용한다는 것을 널리 알려야 한다. 게다가 인민들이 맡은 일에 안심하고 종사할 수 있도록 만들어 줘야 한다. 그리고 인민들이 군주가 빼앗아 가지 않을까 두려워 재산을 늘리는 것을 두려워하지 않도록 하고, 무거운 세금이 두려워 상행위를 마음 놓고 하지 못하는 일이 없도록 배려해 줘야 한다. 그러한 일을 하려는 사람이나 어떠한 형태로든 도시나 국가의 번영을 위해 노력한 자에게는 포상을 내려야 한다. 그리고 1년 중 적당한 시기에 축제와 볼거리를 개최하여 인민의 관심을 그쪽에 돌리게 해야 한다. 그리고 모든 도시는 길드(직업조합)나 지역조직으로 나뉘어 있으니까 그들 단체를 존중하고 때로는 모임을 가져 그들과 친근하게 교류하고 자신이 인간미가 넘치는 관대한 정신의 소유자임을 보여줘야 한다. 하지만 그럴 경우에도 군주로서의 위엄을 결코 잃지 않도록 해야 한다.

❧ 핵심 정리 ❧

군주가 명성을 높이려면 위대한 사업(전쟁)을 일으켜 스스로 유례없는 위력을 보이는 것이 가장 효과적이다. 모든 행동에서 위대하고 탁월한 인물이라는 명성을 얻을 수 있도록 노력해야 한다.

누구를 지지하고 누구를 적대시하는지 주저하지 않고 명확하게 자기 입장을 분명히 하고 당당하게 어느 쪽이든 선택하여 지원하는 자는 존경을 받게 된다.

중립을 지키는 경우, 승자의 다음 먹잇감이 될 것이고 패자는 당신의 파멸을 고소하게 지켜볼 것이다. 이긴 측에겐 어려울 때 도와주지 않은 의심스러운 자는 동맹국으로서 불필요한 존재이고, 패배한 쪽은 자기와 운명을 함께하지 않은 당신을 받아들일 수가 없는 것이다.

어느 시대에든 우방이 아닌 쪽은 당신에게 중립을 요청하고 우방인 쪽은 당신에게 무기를 들어 동참하라고 요청할 것이다. 결단력이 부족한 군주는 대부분 당면한 위기를 회피하고 싶어서 중립의 길을 택하고 대부분 파멸의 길로 가게 된다.

군주가 과감하게 한쪽 편을 지원하는 선택을 할 때, 만일 동맹국이 승리하면 설사 그쪽이 강대국이고 당신이 약소국이라 해도 상대는 은혜를 느끼고 우호 관계를 유지할 것이다. 전쟁에서 승리한 상황에서 배은망덕하게 자기가 받은 혜택을 모른 척 할 수는 있는 사람은 없다. 그리고 혹시 지원한 쪽이 패했다 하더라도 그는 당신을 배려할 것이다. 힘이 닿는 한 당신을 응원해줄 것이다.

상황이 어쩔 수 없는 경우가 아니라면 군주는 자기보다 강력한 세력과 동맹을 맺고 다른 나라를 공격해서는 안 된다. 왜냐하면 설사 싸움에서 이기더라도 강력한 자의 영향력 아래 놓이게 되기 때문이다. 모름지기 군주란 타인에게 예속된 상태는 피해야만 한다.

군주는 항상 안전한 정책만 펴고 있다고 믿어서는 안 된다. 오히려 항상 위험한 정책이 뒤따르고 있다고 생각해야 한다. 세상의 이치상 하나의 역경을 피하려고 하면 또 다른 역경이 찾아오는 것은 필연이다. 현명한 군주는 여러 가지 문제의 특징을 파악하고 자신에게 피해가 가장 적은 것을 선택할 줄 알아야 한다.

　군주는 재능 있고 유능한 인재를 등용하며 자기 분야에 뛰어난 자를 중용한다는 것을 널리 알려야 한다. 게다가 국민들이 맡은 일에 안심하고 종사할 수 있도록 만들어 줘야 한다. 사람들이 재산을 늘리는 것을 두려워하거나, 무거운 세금이 두려워 상행위를 마음 놓고 하지 못하는 일이 없도록 배려해 줘야 한다.

　성실하게 일을 하려는 사람이나 도시나 국가의 번영을 위해 노력한 자에게는 포상을 내려야 한다. 그들 단체를 존중하고 때로는 모임을 가져 그들과 친근하게 교류하고 자신이 인간미가 넘치는 관대한 정신의 소유자임을 보여주면서도 군주로서의 위엄을 결코 잃지 않도록 해야 한다.

제22장
군주의 측근 신하들

군주에게 있어서 측근 신하를 임명하는 일은 결코 가벼운 일이 아니다. 군주의 생각 하나로 좋은 인재를 얻느냐 나쁜 인재를 얻느냐가 결정 난다. 그래서 군주의 능력을 판단하려면 우선 군주의 측근들을 보면 된다. 측근들이 유능하고 성실하다면 그 군주는 현명하다고 평가해도 틀림없다. 그것은 군주가 그들의 능력을 간파하고 충성을 바치게 하는 기술을 갖추고 있다는 의미가 된다. 반대로 측근이 무능하면 그 군주는 좋은 평가를 받을 수 없다. 그 군주의 첫번째 실수는 인선(人選)에서 이미 실패하고 있기 때문이다.

예를 들면 시에나의 군주 판돌포 페트루치(Pandolf Petrucci

1487년 권력을 잡음)의 재상 안토니오 베나프로를 아는 사람이라면 누구나 그를 재상으로 임명한 판돌포를 매우 훌륭한 인물이라고 칭찬한다. 인간의 능력은 세 가지 부류가 있다. 첫째는 자기가 혼자 힘으로 이해하는 자, 둘째는 타인의 설명을 듣고 이해하는 자, 셋째는 타인의 설명을 듣고도 이해하지 못하는 자이다. 첫째 부류는 특별히 뛰어난 자이고, 둘째 부류는 유능한 자이며, 셋째 부류는 무능한 자이다. 그러므로 판돌포가 설사 첫째 부류에 들어가지 못한다 하더라도 둘째 부류에 들어가는 것은 틀림없었다. 왜냐하면 그가 독자적인 창의성을 갖추고 있지 못했더라도, 타인의 언행에서 좋고 나쁨을 간파할 판단력이 요구될 때, 예컨대 재상의 행동에 대한 선악의 판단에서는 재상의 선행을 포상하고 악행을 처벌할 수 있기 때문이다. 그렇게 되면 재상으로서도 군주를 속이려고 하지 않고 성실하게 처신하게 된다.

그러면 군주는 어떻게 하면 측근을 파악할 수 있을까. 여기엔 절대로 틀림없는 분별 방법이 있다. 즉 측근이 당신에 대한 것보다 자기 이익을 먼저 생각하고, 자기를 우선시 한다면 결코 좋은 신하라고 할 수 없을뿐더러 신뢰할 수도 없다. 왜냐하면 국가 정치를 담당한 사람은 자기 개인의 일 따위를 생각해서는 안 되고, 항시 군주에 대한 생각을 떠나서도 안 된다. 군주와 무관한 일은 조금도 염두에 두면 안 된다. 입장을 바꿔보면 군주는 신하에게 충성심을 갖게 하기 위해 명예를 주고, 생활을 안락하게 해주고, 은혜를 베풀고, 영예와 의무를 나누어 가지고, 그의 신상에 관한 것을 배려해 줘야 한다. 이렇게 하여 군주는 신하로 하여금 군주에게 의존하도록 만들고 또 충분한 명예를 부여하여 더 이상의 명예를 바라지 않도록 하고, 충분한 재물을 주어 더 이상의 재물을 바라지 않게 하고, 충분한 직책을 부여하여 정변이 일어나는 것을 두려워하게 만들어야 한다. 신하가 그렇게 처신하고 군주가 신하에게 그렇게 베푼다면 서로가 신뢰할 수 있는 관계가 이루어진다. 만일 그렇지 않다면 양자 중 누군가에게 좋지 못한 결과가 생길 것이다.

❖ 핵심 정리 ❖

　군주의 능력을 판단하려면 우선 군주의 측근들을 보면 알 수 있다. 측근들이 유능하고 성실하다면 그 군주는 현명하다고 평가해도 틀림없다. 그것은 군주가 그들의 능력을 간파하고 충성을 바치게 하는 기술을 갖추고 있다는 의미가 된다. 반대로 측근이 무능하면 군주는 그런 사람을 등용했기에 좋은 평가를 받을 수 없다.

　사람의 능력은 세 가지 부류라 할 수 있다. 첫째는 자기가 혼자 힘으로 이해하는 자, 둘째는 타인의 설명을 듣고 이해하는 자, 셋째는 타인의 설명을 듣고도 이해하지 못하는 자이다. 첫째는 특별히 뛰어난 자이고 둘째는 유능하며 셋째는 무능한 자이다

　군주는 어떻게 하면 측근의 충성심을 파악할 수 있을까. 측근이 군주에 대한 것보다 자기 이익을 먼저 생각하고, 자기를 우선시 한다면 결코 좋은 신하라고 할 수 없을뿐더러 신뢰할 수도 없다.
　국가를 다스리는 사람은 자기 개인의 일은 절대로

생각해서는 안 되고 항시 군주에 대한 생각을 떠나서도 안 된다. 군주와 무관한 일은 조금이라도 염두에 두면 안 된다.

한편 군주는 신하에게 충성심을 갖게 하기 위해 명예를 주고, 생활을 안락하게 해주고, 은혜를 베풀고 명예와 의무를 나누어 가지며, 그의 신상에 관한 것을 배려해 주고, 충분한 직책을 부여하여 정변이 일어나는 것을 두려워하게 만들어야 한다.

제23장
아첨하는 자를 어떻게 피할 것인가

여기에서 나는 대단히 중요한 문제를 언급해야겠다. 그것은 세상의 군주가 여간 사려 깊지 않고서는, 또는 현명한 선택을 하지 않는 한 자기 몸을 지키기가 어려운 한 가지 과오가 있다. 그것은 다름아닌 아첨꾼을 가까이 두는 것이다. 어느 나라 궁정에나 아첨꾼들이 득실거린다. 그 이유는 인간이란 존재가 자기에 관해서는 후하고 엄격하지 못하여 손쉽게 속아넘어가기 때문에 이 질병(아첨)으로부터 자신을 보호하기란 어려운 일이다. 그리고 이 아첨으로부터 자기 자신을 보호하려고 하면 군주가 경멸을 당하는 위험이 따른다. 그러므로 당신에게 진실을 말해도 불쾌해 하지 않는 군주라고 사람들에게 알리는 것 이외에는 아첨꾼으로부터 자신을 보호할 방법은 없기 때문이다. 하지만 모든 사람들이 당신에게 진실을 말할 수 있을 때는 당신에 대한 존경은 순식간에 사라진다. 그래서 사려 깊은 군주는 제3의 방법을 취하는데, 자기 영토 안에서 현자를 골라내어 선택된 사람들에게만 진실을 말할 수 있는 기회를 부여하면 된다. 하지만 그것도 군주에게 질문을 받았을 때에만 진실을 말할 수 있어야 한다. 그래서 군주는 모든 일에 관해서 질문을 하고 그들의 의견을 청취하고 나서 혼자서 판단을 내려야 한다. 이럴 경우 조언자들이 기탄없이 솔직하게 의견을 말하면 말할수록 더 잘 받아들여진다는 점을 그들이 믿게끔 처신해야 한다. 또한 정해진 그들 조언자 외에는 누구의 말에도 귀를 기울이지 말고, 결정한 일은 실행하고, 결정한 일은 확고하게 관철시켜야 할 필요가 있다. 이런 원칙에 벗어난 행동을 취하는 군주는 아첨꾼의 함정에 빠져 파멸하거나 혹은 다른 의견을 들을 때마다 몇 번이고 자기 생각을 바꾸게 되면 존경을 받지 못하게 된다.

여기에 관하여 근래의 사례를 들어 보겠다. 지금의 막시밀리안 황제(신성로마제국 황제, 재위 1493~1519)의 심복인 루카 사제는 황제의 성품에 관하여 이렇게 말했다. '폐하는 누구에게도 조언을 구하려고 하지 않았고 게다가 스스로의 판단으로 뭔가 실행한 적도 없다' 이것은 지금까지 얘기한 원칙과는 반대되는 행동의 결과이다. 사실 이 황제는 비밀주의를 좋아해서 자기 계획을 누구에게도 밝히지 않으며 누구의 의견도 들으려고 하지 않았다. 그런데 자기 계획을 실행할 단계에 계획이 누설되어 내용이 알려지면 주변에서 반대의견이 나온다. 그러면 너무나 손쉽게 처음 계획을 철회해 버린다. 그런 식으로 오늘 시작한 일이 내일은 폐기되고, 그가 과연 무엇을 원하고 계획이 무엇인지 전혀 짐작할 수가 없고 황제의 결정을 믿을 수 없다는 상황에 이르게 되었다.

그래서 군주는 항상 타인의 의견을 들어야 하지만, 이것은 타인이 말하고 싶을 때 듣는 것이 아니라 군주가 원할 때 들어야 하는 것이다. 다시 말하면 군주가 질문할 때 이외에는 누구도 군주에게 조언을 하려고 생각하지 못하게 만들어야 한다. 하지만 군주는 빈번히 질문을 던지고 인내심 있게 들어야 한다. 그리고 누군가가 어떤 배려 때문에 진실을 말하지 않은 것이 밝혀지면 군주는 이를 꾸짖어서 진실을 말하게 해야 한다.

현명한 군주로 명성이 있는 인물은 본인의 자질보다도 측근에 훌륭한 조언자가 있기 때문이라고 많은 사람이 말한다. 그러나 이것은 명백히 틀린 말이다. 왜냐하면 다음과 같은 의문의 여지가 없는 일반원칙이 있기 때문이다. 즉, 군주 본인이 현명하지 않으면 좋은 조언을 받아들일 수가 없다. 다만 예외적인 상황을 상상하자면 군주가 한 측근에게 국정을 전면적으로 위임한 경우인데 그것도 그 측근이 지극히 사려 깊은 인물이라는 가정하에서다. 그런 경우라면 모든 일이 잘 풀리겠지만, 그 측근이 순식간에 정권을 탈취할 가능성이 높아서 오래가지는 못할 것이다.

그러나 현명하지 못한 군주가 여러 사람의 조언을 받게 되면 결국 잘 정리된 조언을 듣지 못하게 될 것이다. 또 그것을 스스로 잘 정리할 수도 없을 것이다. 게다가 조언자들은 각각 자기 이익을 앞세울 테니까 군주는 그들의 의견을 어떻게 받아들이고 또 바로잡아야 할지 모르게 된다. 더욱이 조언자들이 사리사욕을 내세우지 않는다고는 기대할 수 없다. 왜냐하면 인간이란 어쩔 수 없는 상황 때문에 진실된 행동을 하는 것이지, 그렇지 않은 경우에는 거짓 탈을 쓰고 진실인양 행동을 하는 것이다. 그래서 결론을 말하자면 좋은 조언이란 누가 말을 했든 간에 반드시 군주의 깊은 사려에서 나오는 것이고,

좋은 조언에서 군주의 지혜가 생기는 것은 아니다.

✤ 핵심 정리 ✤

군주의 주위에는 아첨꾼들이 득실거린다. 어리석 거나 인재를 구분 못하는 군주 주변에는 더더욱 많다. 사람이란 존재는 자기에 관해서는 후하며 엄격하지 못하고 바르게 보지 못하기 때문에 아첨에 쉽게 속는 다.

군주가 아첨으로부터 자신을 보호하려고 하면 군 주는 경멸당하는 위험이 따른다. 아첨을 막는 방법은 군주에게 진실을 말해도 화를 내거나 불쾌해 하지 않 는 군주라고 사람들에게 알려지는 것이다. 하지만 누 구나 군주에게 솔직하게 말할 수 있을 때는 군주를 존 경하지 않는다.

현명한 군주는 자기 나라에서 사려 깊은 일정한 사 람들을 선택하여 그들에게만 진실을 말할 수 있는 기 회를 부여하면 된다. 하지만 군주에게 질문을 받았을 때에만 진실을 말할 수 있어야 한다. 그래서 군주는 모든 일에 관해서 질문을 하고 그들의 의견을 청취하 고 스스로 판단을 내려야 한다. 이럴 경우 조언자들이

기탄없이 솔직하게 의견을 제시하면 잘 받아들여진다는 점을 그들이 알게 해야 한다. 판단한 일은 실행하고, 결정한 일은 확고하게 관철시켜야 할 필요가 있다.

군주는 신하들의 의견을 항상 들어야 하지만, 신하들이 말하고 싶을 때 듣는 것이 아니라 군주가 원할 때 들어야 하는 것이다. 다시 말하면 군주가 질문할 때 이외에는 누구도 군주에게 조언을 하려고 생각하지 못하게 해야 한다. 하지만 군주는 빈번히 질문을 던지고 거기에 대한 것을 인내심 있게 들어야 한다. 그리고 진실을 말하지 않은 것이 밝혀지면 군주는 과감히 시정토록 해야 한다.

어리석은 군주는 좋은 조언과 잘 정리된 조언을 받아들일 수가 없고, 그것을 스스로 잘 정리할 수도 없을 것이다. 게다가 조언자들은 각각 자기 이익을 앞세우니까 군주는 그들의 의견을 어떻게 받아들이고, 바로잡아야 할지 판단을 못하게 된다. 인간이란 어쩔 수 없는 상황 때문에 진실한 행동을 보이는 것이지, 그렇지 않은 경우에는 거짓의 탈을 쓰고 진실인양 행동을 하는 것이다.

현명한 군주아래 현명한 신하가 따르기 마련이다. 좋은 조언이란 반드시 군주의 깊은 사려에서 나오는 것이고, 적절한 조언을 한다고 해서 군주가 지혜롭고 현명해지는 것은 아니다.

제24장
이탈리아 군주들이 정권을 잃은
이유는 무엇인가

앞에서 언급한 사항을 신중하게 지켜나간다면, 신생 군주라도 오래 된 군주와 같이 보이고 선조로부터 물려받은 정권보다 안정되고 튼튼한 군주의 지위를 구축할 수 있다. 왜냐하면 신생 군주는 세습 군주보다 훨씬 더 지도력이 주목을 받으니까, 그의 뛰어난 역량과 지도력을 보여준다면 유구한 혈통의 군주보다 많은 사람들의 마음을 끌어당기고 더욱 강력한 유대감을 느낄 것이다. 인간이란 과거에 일어난 사건보다 눈앞에 일어난 사태에 더욱 큰 관심을 갖는 법이다. 그래서 현재가 행복하다면 그것으로 만족하고 변화를 원하지 않을 것이다. 오히려 군주가 다른 면에서 큰 잘못을 범하지 않는 한

언제든지 군주를 지키려고 노력할 것이다. 이렇게 신생 군주가 정권을 세우고, 훌륭한 법과 강력한 군대, 좋은 동맹국과 모범적인 행동을 통해서 확고한 위치에 올려놓으면 그는 영광을 누리게 될 것이다. 반대로 군주의 몸으로 태어났으나 무능력으로 정권을 잃은 자는 치욕적인 불명예를 뒤집어쓰게 된다.

돌이켜보면 근자의 이탈리아에서 나폴리 왕이나 밀라노 공작처럼 군주의 지위를 상실한 자들을 살펴보면 공통적인 결함이 눈에 띈다. 첫째로 앞에서(제13, 14장) 길게 설명한 이유에 근거하여 군사적인 면에서 약점을 갖고 있다. 둘째로 그들 중 일부는 인민의 지지를 못얻어 적으로 돌리고 일부는 인민을 우군으로 만들었지만 귀족들의 지지를 얻지 못했던 것이다. 이러한 결점만 없었다면, 야전에 군대를 투입할 수 있을 만큼의 능력이 있는 군주라면 나라를 빼앗기는 일은 없었을 것이다. 마케도니아의 필리포스 왕[알렉산드로스 대왕의 부친이 아니라 또 다른 필리포스5세, 티투스 퀸크티우스에게 패배한 군주]은 침공해온 로마나 그리스의 대국에 비해서 그다지 크지 않은 영토를 갖고 있었다. 그럼에도 불구하고 그는 전사였으며 민심을 얻고 있었고 귀족을 다루는 법을 알고 있었다. 그래서 강대국과의 전쟁을 몇 년이나 버틸 수 있었다. 결국 일부 도시를 잃기는 했지만 자기의 왕국은 굳건히 지킬 수 있었다.

그러므로 오랜 기간 지배했던 나라를 빼앗긴 우리 시대 이탈리아의 군주들은 그 책임을 운명으로 돌리면 안 된다. 이것은 그들 군주의 무능 때문이다. 바꿔 말하면 화창한 날씨에 폭풍우를 예상하지 못하는 것은 인간의 공통적인 약점인데, 그들도 역시 평온한 시대에 불가피한 사태의 변화를 전혀 생각하지 못했다. 막상 불가피한 변화로 위기가 닥치면 도망칠 궁리만 하고 나라를 방어할 생각도 하지 못했다. 그저 언젠가 인민들이 정복자의 횡포를 참지 못하고 봉기하여 자기에게 권력을 돌려주겠지 하는 일말의 희망을 품었을 뿐이다. 달리 해볼 수단이 전혀 없는 상황이라면 그런 희망도 좋겠지만, 그런 희망만 기대할 뿐 아무 대책도 없다면 가당치 않은 일이다. 마치 누군가가 일으켜 세워주겠지 하는 기대를 가지고 스스로 넘어지는 것과 마찬가지다. 누군가가 일으켜 세워주는 일은 일어나지 않는다. 가령 일어난다 해도 당신에게 안전을 가져다 주지 않는다. 그렇게 이루어진 방어는 비겁한 행동의 결과이고 당신의 힘으로 이룬 것이 아니다. 가장 훌륭하고 확실한 방어는 당신 자신의 힘으로 지탱되고 당신의 능력으로 이룬 것뿐이다.

✤ 핵심 정리 ✤

　세습 군주보다 신생 군주의 지도력을 사람들은 더 유심히 관찰한다. 뛰어난 역량의 지도력을 보여준다면 세습적 군주보다 많은 국민들로부터 민심을 얻고 지지를 받을 것이다. 사람이란 과거보다 현실을 직시하기 때문에 현재가 행복하다면 그것으로 만족하고 변화를 원하지 않을 것이다

　군주의 몸으로 태어났으나 무능력으로 지위를 잃은 자는 이중의 수모를 겪게 된다. 군주의 지위를 상실한 자들을 살펴보면 자신을 방어할 무력을 갖추지 못했다는 공통적인 결함이 눈에 띈다. 그들 중 일부는 인민들이 증오하는 존재가 되었고, 일부는 인민의 지지로 우군으로 만들었지만 귀족들의 지지를 얻지 못했던 것이다

　사람들의 일반적인 잘못된 생각은 화창한 날씨에 폭풍우를 걱정하지 않았다는 것이다. 어리석은 군주는 평온할 때 불가피한 사태의 변화를 전혀 생각하지 못하고 막상 위기가 닥치면 도망칠 궁리만 하고 나라

를 방어할 생각은 하지 못한다.

누군가가 일으켜 세워줄 것이라고 기대하고 넘어지는 사람은 아무도 없다. 누군가가 군주를 일으켜 세워줄 수도 있겠지만 그렇지 않을 수도 있다. 남의 도움의 힘으로 일어난 자는 취약하고 비겁한 자가 되기 때문이다. 가장 훌륭하고 확실한 방어는 당신 자신의 힘으로 지탱되고 당신의 능력으로 이룬 것뿐이다.

제25장

운명은 인간사에 얼마나 영향을 미치는가,
또 어떻게 운명에 맞서야 하는가

세상일이란 본래 운명과 신의 지배에 맡겨져 있어서 인간이 아무리 지혜를 발휘해도 그것을 바꿀 수는 없다. 아니 대책조차도 세울 수가 없다. 이런 것이 예나 지금이나 많은 사람들의 생각이고 나도 그것을 모르는 바는 아니다. 이 견해에 따르면 무슨 일이든 애써서 고생할 필요도 없고 운명이 흐르는 대로 맡기면 되는 것이다. 특히나 오늘날은 인간의 상상을 초월하는 격변이 매일 일어나기 때문에 그들의 의견에 공감이 가기도 한다. 그렇긴 하지만 인간의 자유의지는 소멸하는 것이 아니고, 가령 운명이 인간 활동의 절반을 마음대로 결정해버린다고 하더라도 적어도 나머지 절반 또는 절반 가까이는 운명이 우리의 결정에 맡기고 있다고 생각한다.

나는 운명의 여신을 거칠고 파괴적인 강물에 비유하겠다. 강은 한번 화가 나면 강변을 넘어 범람하고 나무와 건물을 무너뜨리고 이쪽 땅을 파내어 저쪽으로 옮겨놓는다. 누구나 그런 격류를 보고 도망치며 저항할 방법이 없어 강물의 위력 앞에 굴복하고 만다. 하천이란 이런 성질을 가졌지만 그래도 평온한 시기에 미리 제방과 둑을 쌓아서 대비할 수는 있다. 그렇게 하면 나중에 물이 불어나도 물길을 따라 흐르거나 설사 제방을 넘쳐도 피해는 훨씬 줄일 수가 있다. 운명도 그와 마찬가지라고 말할 수 있다. 운명이 그 위세를 떨치는 것은 인간의 역량이 거기에 저항하여 미리 대비책을 강구하지 않은 곳에서 일어나는 것이다. 오늘날 이탈리아에서 격변하는 정세의 무대를 살펴보면 제방이나 둑도 없는 들판임을 알 수 있을 것이다. 요컨대 이탈리아가 독일이나 스페인, 프랑스와 같은 적절한 역량을 갖추었다면 그런 격류가 지금 보는 것처럼 커다란 격변을 일으키지는 않았을 것이다. 다시 말하면 그런 홍수가 일어나지 않았을 지도 모른다. 이런 비유로서 운명에 대해 어떻게 대처해야 할지는 충분히 얘기했다고 생각한다.

그런데 좀더 세부적으로 살펴보면, 어떤 군주가 오늘은 융

성했다가 내일은 멸망해버리는 일이 벌어진다. 그동안 이 군주의 자질이나 성품은 아무 변화가 없었는데 말이다. 그 이유는 위에서 자세히 설명한 이유 때문이라고 생각한다. 요컨대 모든 것을 운명에 의존하는 군주는 운명이 달라지면 몰락해버리는 것이다. 또한 시류에 따라 자기를 맞춰가는 사람은 성공하고 반대로 시류에 적응하지 못하는 자는 불행해진다는 것이다. 사실 인간은 각자가 마음에 품고 있는 영광이나 부(富) 같은 목표를 향해 각자 상이한 노력을 펼치는 셈이다. 신중하게 접근하는 자도 있고 과감하게 움직이는 자도 있고 폭력을 휘두르는가 하면 술책을 꾸미는 자도 있다. 어떤 이는 참을성이 있고 다른 이는 그와 반대로, 각자 자기 생각대로 목표를 향해 접근하려고 한다. 예를 들면 용의주도한 두 사람이 있는데 하나는 목표를 달성하고 다른 이는 실패하는 일이 일어난다. 또 한 사람은 용의주도하고 다른 이는 과감하게 행동한다. 서로 다른 기질을 가졌지만 두 사람 모두 성공을 거둔다. 이것은 그들의 행동방식이 시대 상황과 맞았는지 아닌지에 따라 결정된다. 두 사람이 서로 다른 행동을 취해도 같은 결과가 나오기도 하고, 두 사람이 똑같이 행동해도 성공하는 자와 성공하지 못하는 자가 생기는 것은 위에서 말한 이유 때문이다. 이런 이유로 흥망성쇠가 이루어진다. 만일 사려 깊고 인내심 있는 군주는 시대와 상황적으로 잘 맞으면 번영하게 되지만 시대와 상황이 변화할 때 군주가 상황에 맞게 자신의 방식을 바꾸지 않는다면 몰락할 것이다. 그리고 그렇게 시류의 변화에 잘 적응하는 현명한 사람은 좀처럼 보기 어렵다. 왜냐하면 인간은 자기가 타고난 성질이 움직이는 길에서 벗어난다는 것은 너무도 어렵기 때문이다. 또 다른 이유는, 어떤 길을 걸어감으로써 영광을 맛본 사람은 아무래도 그 길에서 벗어나고 싶지 않기 때문이다. 그러므로 용의주도한 사람은 막상 과감하게 행동해야 할 시기가 와도 어떻게 행동해야할지 알지 못하면 결국 몰락하고 만다. 이 사람이 시대와 상황에 맞춰 적절히 대응한다면 운명은 변화하지 않을 것이다.

교황 율리우스 2세는 어떤 일이나 과감한 방식으로 해치웠는데, 그의 경우는 시대와 상황이 그의 방식과 맞았기 때문에 항상 보기 좋게 성공을 거두었다. 예를 들면 조반니 벤티볼리오가 아직 생존해 있을 때, 율리우스가 볼로냐를 침공한 첫번째 전쟁을 생각해보자. 베네치아 공화국은 그의 원정을 탐탁치 않게 생각했고 스페인 왕(페르난도 2세) 역시 마찬가지 심정이었다. 그 원정에 관하여 교황은 프랑스와 협상을 시작했다. 그런 상황에서 그는 특유의 저돌성과 과감함을 내세워 친히 원정을 나섰다. 교황의 과감한 작전에 베네치아와 스페인은 허를 찔려 속수무책이었다. 전자는 나폴리왕국 전체를 회복하고 싶은 욕망 때문에 후자는 두려움에 손을 쓰지 못한 것이다.

한편 프랑스 왕(루이 12세)도 교황의 뜻에 따르게 되었다. 왜냐하면 교황의 원정을 목격한 루이 왕은 베네치아를 견제하고 싶어서 교황을 자기편으로 만들어 놔야 했기 때문에, 그 상황에서 병력 지원을 거부하면 공공연하게 교황과 등을 돌리는 행위가 되기 때문이다. 이렇게 해서 율리우스는 과감한 작전으로 지금까지 어떤 다른 지혜로운 교황도 이루지 못했던 업적을 성취했다. 그 이유는 다른 교황들처럼 협상을 제대로 진행시키고 모든 준비가 갖춰지고 나서야 로마를 떠나려고 했다면 결코 성공을 거둘 수 없었을 것이다. 그러는 사이에 프랑스 왕은 수많은 핑계거리를 꾸며냈을 것이고, 다른 나라는 교황으로 하여금 더 신중해질 수밖에 없는 조건을 내세웠을 테니까. 여기에서 교황의 다른 행동은 생략하겠다. 그의 모든 행동은 이와 비슷했고 매번 성공을 거두었다. 게다가 그는 재위 기간이 짧은 편이었기 때문에 실패 경험을 맛보지 않았다고 할 수도 있다. 만일 신중하게 처신해야 하는 시기와 상황을 맞이했다면 그도 파멸을 맞이했을 것이 틀림없다. 그도 역시 타고난 기질에 맞는 수단을 버리지 못했을 것이다.

그래서 내가 결론을 말하자면 운명은 변화하는 것이다. 사람이 자기만의 방식에 집착하면 운명과 그의 방식이 조화를 이루면 성공을 거두지만 그렇지 않으면 실패하여 불행한 결말이 된다. 내가 생각하는 바는 이렇다. 사람은 신중하기보다는 오히려 과감하게 행동하는 것이 좋다. 왜냐하면 운명은 여신이니까 그녀를 정복하고 싶다면 거칠게 다루는 것이 필요하다. 운명은 냉정하게 처신하는 사람보다는 과감한 사람을 따른다. 요컨대 운명은 여성과 비슷하여 청년에게 이끌린다. 청년은 신중함이 적지만 몹시 과감하고 대담하게 그녀를 지배하기 때문이다.

세상의 모든 일은 신의 뜻에 맡기면 이루어지리라는 믿음 때문에 인간의 의지에 따라 노력해도 이루어질 수 없다고 믿는 사람들도 많다. 그러나 인간의 의지가 무기력한 것은 아니며 그 의지에 따라 결정될 수도 있다. 이는 자연재해로 인해 탁류가 범람하여 모든 것을 휩쓸고 가지만, 강물이 고요히 흐르는 평온한 시기에 보를 쌓고 운하를 만들어 강물을 조절할 수 있는 이치와 같은 것이다.

모든 것을 운명에 의존하는 군주는 행운이 불운으로 바뀌면 반드시 몰락한다. 또한 시대에 따라 맞춰가는 사람은 성공하고 반대로 시대에 적응하지 못하는 자는 불행해진다는 것이다.

사람들은 누구나 명예와 부를 추구하는데 무한한 꿈을 갖고 노력한다. 그 꿈을 이루려는 방법은 각기 다르다. 신념을 갖고 열심히 노력하는 자가 있는가 하면 자신의 재주만 믿고 요행을 바라는 자도 있다. 그들은 시대의 흐름과 행동방식이 상황에 부합하는가에 따라서 그 꿈이 이루어질 수도 있고 그렇지 않는 경우도 있다.

용의주도한 사람은 막상 과감하게 행동해야 할 시기에 적응하지 못하면 결국 몰락하게 된다. 군주가 시대와 상황에 맞춰 적절히 대응한다면 운명은 변화하지 않을 것이다.

지도자는 신중하기보다는 오히려 과감하게 행동하는 것이 좋다. 왜냐하면 운명은 여성이고 만약 그녀를 정복하고 싶다면 과감하게 다룰 필요가 있다. 운명은 냉정하게 처신하는 사람보다는 과감한 사람을 따른다. 요컨대 운명은 여성과 비슷하여 청년에게 이끌린다. 청년은 신중함이 적지만 몹시 과감하고 대담하게 그녀를 지배하기 때문이다.

제26장
이탈리아를 야만족으로부터 해방시키자는 호소

지금까지 논의한 사항을 여기에서 돌이켜보면 저는 이렇게 생각해 보았습니다. 과연 지금 이탈리아에 새로운 군주가 영광을 노래할 시기가 무르익었는가. 현명하고 능력 있는 한 군주에게 영광을 바치고 이탈리아의 전 인민에게 행복을 가져다 줄만한 형태(체제)를 가져올 좋은 기회가 과연 이 나라에 있는 것인가. 생각해 보면 신생 군주에게 만사가 유리하게 조성되어 기대하지도 않았던 절호의 상황이고 행동을 일으키기에 지금처럼 적절한 시기는 지금까진 없었을 것입니다. 앞에서도(제6장) 논했다시피 모세의 출중한 능력이 나타나기 위해서는 이스라엘 백성들이 이집트에서 노예로서 억압받는 상황이 필요했습니다. 키로스가 얼마나 위대한 포부를 가진 왕인지 알기 위해서는 페르시아인이 메디아인의 지배를 받고 있어야만 했습니다. 그리고 테세우스의 탁월한 능력을 발휘하기 위해서는 아테네인들이 분열되어 있는 상태가 아니면 안되었습니다.

그렇다면 오늘날 한 명의 출중한 이탈리아인의 역량이 드러나기 위해서는 이탈리아가 지금 보는 것처럼 절망적인 상황에 빠져, 이스라엘 백성보다 더 노예가 되고, 페르시아인보다 더 혹사당하고, 아테네인보다 더 지리멸렬 상태가 되어 지도자도 없고 무질서하고 짓밟히고 약탈당하고 이리저리 찢기고 처참한 황폐 상태에 던져져 있을 필요가 있었습니다.

그런데 근래에 어떤 인물(체사레 보르자를 암시)이 나타나, 이탈리아의 구원과 속죄를 신에게서 명령받은 것이 아닌가 하고 생각 될 만큼 우리에게 한 줄기 빛과 같은 존재였습니다. 아시다시피 그는 그 활동의 절정에 이르러 운명에게 버림을 받고 말았습니다. 그렇게 숨이 끊어질 듯한 이탈리아는 이제 스스로의 상처를 치유해줄 존재를 기다리고 있습니다. 롬바르디아 지방에서의 약탈, 게다가 나폴리 왕국과 토스카나 지방의 세금 수탈에 종지부를 찍어줄 사람, 그리고 오랫동안

곪은 상처를 치유해줄 사람을 간절히 기다리고 있습니다.

지금의 이탈리아는 야만적인 외세의 잔혹한 횡포에서 구해줄 사람을 보내달라고 신에게 기도를 올리고 있습니다. 누가 봐도 명백하게, 누군가 먼저 깃발을 치켜들고 일어나면 이탈리아는 그 깃발 아래 따라 나설 마음의 준비가 되어 있습니다. 그리고 오늘날 사람들이 가장 기대를 걸고 있는 것은 누구보다 고귀한 전하의 가문이야말로 행운과 역량을 갖추고 신의 은총과 교회의 가호를 받아 이탈리아의 구원을 위한 지도자로서는 전하의 탁월한 가문밖에 없습니다.

만일 전하가 큰일을 도모하기 전에 제가 지금까지 언급한 사람들의 행적과 생애를 명심한다면 일은 그다지 어렵지 않게 성취될 것입니다. 그러한 사람들은 확실히 드물게 볼 수 있는 경탄할만한 인물들이었으나, 그들 역시 인간이었고 그들 중 아무도 시류적으로 현재와 같은 호기를 누리진 못했습니다. 왜냐하면 그들의 과업은 모두 지금의 그것보다 정의로운 것도 아니었고 쉬운 것도 아니었습니다. 전하만큼 신의 은총을 받지 못했기 때문입니다. 지금의 과업은 지극히 정의롭습니다. '불가피하게 치르는 전쟁은 정의로우며 무력 이외에 아무런 희망이 없을 때 그 무력은 또한 신성한 것이다.'(리비우스의 〈로마사〉 인용) 현재는 모든 것이 바람직한 상황에 있습니다. 좋은 상황이 있는 이상 전하의 가문이 앞에서 지표로서 거론한 인물들의 방식을 이용한다면 우려할만한 고난은 없습니다. 그뿐 아니라 바야흐로 세상에 유례가 없는 기적이 나타나고 있지 않습니까. 바다가 갈라지고 구름은 전하가 가야 할 길을 안내해주며 바위에서 샘이 솟아나고 하늘에서 만나(manna:신이 내린 기적의 음식)가 비처럼 쏟아지고 모든 것이 앞다투어 전하가 성취할 위대함을 예언하고 있습니다. 남은 것은 그저 전하의 행동을 기다릴 뿐입니다. 신이 모든 것을 행하지 않으심은, 우리의 자유의지와 우리에게 부여된 영광을 박탈하지 않기 위함입니다.

위에서 이름을 언급한 이탈리아인들(체사레, 보르자나, 프란체스코, 스포르차) 중 어느 누구도 이루지 못했던 일을 영예로운 전하의 가문에서 이루어주시길 바라는 것은 놀라운 일이 아닙니다. 그리고 이탈리아에서 일어난 허다한 격변이나 전쟁 속에서 군사적 용맹이 소멸한 것처럼 보이는 것도 놀랄 일이 아닙니다. 이것은 이탈리아의 낡은 제도가 타당하지 않고 또 새로운 제도를 창조해내지 못했기 때문입니다. 새로 즉위

할 군주에게 새로운 법률을 만들고 새로 구상한 제도를 창안하는 것만큼 큰 명예가 되는 일은 없습니다. 그러한 제도가 이 땅에 뿌리를 내리고 훌륭한 성과를 거두면 새 군주는 사람들의 존경을 받고 칭송을 들을 것입니다. 게다가 이탈리아에는 이러한 모든 새로운 형태를 받아들일 재료가 결코 없지는 않습니다. 여기(이탈리아)에는 머리(지도자)에는 힘이 없지만 팔다리(개인)에는 대단한 힘이 잠재해 있습니다. 예를 들면 결투라든가 소수의 사람이 싸우는 모습을 생각해 보십시오. 이탈리아인이 힘과 민첩성, 재치가 얼마나 뛰어난 지 보실 수 있습니다. 그런데 군대를 보면 이탈리아인에게서 그런 장점이 보이지 않습니다. 이것은 모두 지도자가 부실해서 생기는 일입니다. 말하자면 각자가 자신이 유능하다고 생각해서 타인에게 복종할 생각이 없는 것입니다. 누구나 자기가 잘나고 리더십이 있다고 믿어버리니, 사람들을 감탄시킬 만한 재능과 행운을 갖춘 인재가 나오지 못했습니다. 이것이 원인으로 오랫동안 지난 20년간 벌어진 수많은 전쟁에서 이탈리아인으로만 구성된 군대는 전혀 좋은 결과를 만들지 못했습니다. 그 증거로 예를 들면 타로 전투가 있고 다음으로 알렉산드리아, 카푸아, 제노바, 바일라, 볼로냐, 메스트리 이들 모든 전투가 그랬습니다.

따라서 전하의 가문이 옛날 구국의 영웅들의 위업을 계승하시려면 무엇보다 모든 싸움의 기본이 되는 자신의 군대를 갖추는 일이 급선무입니다. 자기 군대를 제쳐놓고는 신뢰할 수 있고 훌륭한 군대는 구할 수 없기 때문입니다. 각각의 병사도 훌륭하지만 전체가 군주의 지휘를 받고 군주에게 영예와 후대를 받으면 그들은 더욱 우수해질 것입니다. 이탈리아인의 용맹을 가지고 외세로부터 나라를 지키려면 반드시 군대 정비가 필요합니다.

스위스와 스페인의 보병이 용맹하다는 평판이 있습니다. 하지만 이들 군대에는 각기 결함이 있기 때문에, 제3의 보병(새로운 보병 조직으로 스페인이나 스위스의 그것과 차이를 둔 것)으로 그곳을 돌파하면 그들을 막아낼 수 있을 뿐만 아니라 충분히 격파할 수 있습니다. 왜냐하면 스페인의 보병은 기병을 당해내지 못하고, 스위스의 보병은 그들과 비슷하게 끈기 있게 싸우는 보병을 만나면 겁을 먹기 때문입니다. 이것은 경험으로 보아온 일이고 앞으로도 보게 될 것입니다. 즉 스페인 보병은 프랑스 기병에게 당해내지 못하고, 스위스 보병은 스페인 보병에게 참패를 했습니다. 스위스 보병의 약점은 목격한 경험이 불충분하긴 하지만 라벤나 전투에서 직접 경험했습니다. 그때 스페인 보병은 독일군과 대치하고 있었는데, 독일군은 스위스 보병과 완전히 동일한 전투대형을 갖추고 있었습니다. 스페인군은 민첩한 육체와 작은 원형 방패를 사용하여 상대의 긴 창 사이나 밑으로 뚫고 들어가 효과적인 공격을 가했는데 독일군은 속수무책이었습니다. 그때 만일 독일의 기병대가 도와주지 않았다면 전멸을 면치 못했을 것입니다. 따라서 이들 보병들의 결점을 알고 나면 기병에 대적하고 보병을 두려워하지 않아도 되는 새로운 보병 부대를 조직할 수 있습니다. 즉 군대의 종류와 그 조직 편성에 변화를 가져와 그것을 달성할 수 있습니다. 그리고 이렇게 새로 조직된 군대야말로 새 군주에게 명성과 위대성을 가져올 것입니다.

그러므로 이 절호의 기회를 놓치는 일이 있어서는 안됩니다. 그토록 오랜 시일동안 기다려온 구세주가 나타나게 될 때. 얼마나 깊은 사랑으로 그를 맞이하겠습니까? 수많은 외적들에게 고통을 받아온 전국 방방곡곡에서, 복수의 갈증을 풀고 싶은 백성들이 얼마나 깊은 신념으로, 깊은 연민으로, 뜨거운 눈물로 그를 반기겠습니까? 그때 어떤 성문이 그의 앞에 닫혀있겠습니까? 어떤 백성이 그에게 복종을 거부하겠습니까? 어떤 질투심이 그를 방해하겠습니까? 이탈리아인이라면 어느 누가 그에게 거절하겠습니까? 야만적인 외적의 폭정에서 누구나가 고통을 견디고 있습니다. 그러므로 전하의 가문이 정의로운 대업에 걸맞은 용기와 희망을 가지고 대임을 맡아주시기 바랍니다. 전하의 깃발 아래 우리 조국은 숭고하게 빛나고 전하의 비호 아래 저 페트라르카(1304~1374 이탈리아의 시인)의 이야기가 실현될 것입니다!

    용맹은 폭압에 저항하여 무기를 들고
    싸움은 순식간일 것이니
    예로부터의 용맹이 아직도
    이탈리아인의 가슴에 아직 살아있음에

불가피하게 치르는 전쟁은 정당하고 정의로우며, 무력 이외에 아무런 희망이 없을 때는 그 무력은 신성한 것이다.

핵심정리

군주론

펴낸날 2026년 1월 20일
지은이 니콜로 마키아벨리
옮긴이 이형석
편역 이상희
펴낸이 배태수 ___ 펴낸곳 신라출판사
디자인 DesignDidot 디자인 디도
등록 1975년 5월 23일
전화 032)345-9876 ___ 팩스 02)6935-1285
주소 경기도 부천시 소사구 범안로 95번길 32

ISBN 978-89-7244-170-0 03340